U0573354

电力施工企业
内控合规实务操作手册

白雪鹏　张　义　张海峰　编著

中国水利水电出版社
www.waterpub.com.cn

·北京·

内 容 提 要

本书秉承"内控促发展、合规创价值"的核心理念，遵循全面性、系统性、适应性、合规性、包容性与成本效益的建设原则，紧紧围绕新形势下电力施工企业内控合规管理主题，以风险为导向，以整合提升为手段，建立健全电力施工企业的内控合规体系，明确管理目标，完善管理组织，统一管理制度、流程和标准，增强全员风险意识，不断提升电力施工企业的风险防控能力与依法治企水平。

本书基本涵盖电力施工企业全部经营业务，覆盖所有高风险及重点控制环节，包含手册说明、组织架构与权责分配、内部环境、风险评估、控制活动、信息与沟通及内部监督七部分。

图书在版编目（CIP）数据

电力施工企业内控合规实务操作手册 / 白雪鹏，张义，张海峰编著. -- 北京：中国水利水电出版社，2024.5

ISBN 978-7-5226-2424-2

Ⅰ．①电… Ⅱ．①白… ②张… ③张… Ⅲ．①电力施工企业－工业企业管理－中国－手册 Ⅳ．①F426.61-62

中国国家版本馆CIP数据核字(2024)第074156号

策划编辑：周益丹 责任编辑：张玉玲 加工编辑：白绍昀 封面设计：苏敏

书　　名	电力施工企业内控合规实务操作手册 DIANLI SHIGONG QIYE NEIKONG HEGUI SHIWU CAOZUO SHOUCE
作　　者	白雪鹏 张 义 张海峰 编著
出版发行	中国水利水电出版社 （北京市海淀区玉渊潭南路 1 号 D 座　100038） 网址：www.waterpub.com.cn E-mail：mchannel@263.net（答疑） 　　　　sales@mwr.gov.cn 电话：（010）68545888（营销中心）、82562819（组稿）
经　　售	北京科水图书销售有限公司 电话：（010）68545874、63202643 全国各地新华书店和相关出版物销售网点
排　　版	北京万水电子信息有限公司
印　　刷	三河市德贤弘印务有限公司
规　　格	170mm×240mm　16 开本　11.25 印张　182 千字
版　　次	2024 年 5 月第 1 版　2024 年 5 月第 1 次印刷
定　　价	69.00 元

编 委 会

前　言

　　《电力施工企业内控合规实务操作手册》（以下简称"《手册》"）是贯彻落实中央部委及国家电网公司依法治企战略部署，适应国家改革及监管根本要求的需要，是立足新发展阶段、践行新发展理念、服务新发展格局的必然产物，是对电力施工企业多年管理经验的沉淀和提炼，是建立、执行、评价和维护内控体系的指导和依据。

　　《手册》编制秉承"内控促发展、合规创价值"的核心理念，遵循全面性、系统性、适应性、合规性、包容性与成本效益的建设原则，紧紧围绕新形势下电力施工企业内控合规管理主题，以风险为导向，以整合提升为手段，建立健全电力施工企业的内控合规体系，明确管理目标，完善管理组织，统一管理制度、流程和标准，提升全员风险意识，不断增强电力施工企业的风险防控能力与依法治企水平。《手册》包含手册说明、组织架构与权责分配、内部环境、风险评估、控制活动、信息与沟通及内部监督七部分，基本涵盖电力施工企业全部经营业务，覆盖所有高风险及重点控制环节。

　　衷心希望通过《手册》的编制，促使电力施工企业不断强化风险防范意识，培育内控合规文化，加强内部控制、风险管理、合规监管的有效融合及工作协同，全面夯实电力施工企业内控合规管理能力，提升风险防控能力和依法治企水平，推动电力施工企业经营管理水平再上新台阶。也希望本《手册》能给电力行业各单位带来有益的启发和思考，为行业内各单位内控合规建设起到良好的促进作用。

　　由于水平有限，时间仓促，疏漏之处在所难免，敬请批评指正。

作　者

2024 年 2 月

目　　录

一、手册说明

（一）编制目的

为贯彻落实中央部委及国家电网公司依法治企的战略部署，根据省公司产业单位战略管理提升要求，以风险为导向，以整合提升为手段，建立健全内控合规体系，明确管理目标，完善管理组织，统一管理流程和标准，提升全员风险意识，增强风险防控能力。特编制《电力施工企业内控合规实务操作手册》（以下简称"手册"）作为电力施工企业（以下简称"企业"）建立、执行、评价和维护内控体系的指导和依据。

按照"经验借鉴、企业特色、务求实效"的建设原则，企业建立"三统一、两重点、一提升"的内控合规管理体系。

三统一，即实现制度、职责、流程的标准统一。以内控合规为要求，企业上下统一制度、职责、流程标准，明确风险和控制。

两重点，即在管理全覆盖、人员齐动员的基础上，关注企业重点业务和重点岗位。提升风险识别和应对能力，有针对性的制定管控方案，实现对重点业务和重点岗位的事前、事中、事后全过程管控。

一提升，即提升全员内控合规意识。通过宣贯、培训、经验交流等方式，提升员工自觉学习能力；同时，完善绩效考核，将内控合规要求纳入绩效考核体系，督促员工意识提升。

（二）编制依据

（1）《企业内部控制基本规范》（财会〔2008〕7号）及其配套指引。

（2）《中央企业全面风险管理指引》（国资发改革〔2006〕108号）。

（3）COSO（The Committee of Sponsoring Organizations of the Treadway Commission，发起人委员会）发布的《内部控制整体框架》及《企业风险管理整体框架》。

（4）《关于加强中央企业内部控制体系建设与监督工作的实施意见》（国资发监督规〔2019〕101号）。

（5）《国家电网有限公司全面风险管理和内部控制办法》（国家电网企管〔2020〕360号）。

（6）《国家电网有限公司合规管理办法（试行）》［国网（法/2）985—2019（F）］。

（7）《国家电网公司关于加强集体企业管控体系建设的指导意见》（国家电网产业〔2013〕392号）。

（8）《国家电网公司关于印发加强集体企业依法治企工作指导意见的通知》（国家电网产业〔2014〕550号）。

（9）《国网山东省电力公司集体企业监督管理办法》（鲁电集管〔2019〕402号）。

（10）《国网山东省电力公司合规管理办法（试行）》（鲁电经法〔2020〕218号）。

（三）编制原则

本手册所指内控合规，是由企业管理层和全体员工共同实施的，旨在实现控制目标的过程。本手册借鉴国家通行的内控合规框架，结合国家电网有限公司、省公司内控合规制度与企业经营管理实际情况，在编制和实施过程中，遵循以下原则。

1. 合规性

满足外部审计机构依据监管部门法律法规对企业进行内控合规体系监督、审计、鉴证的基本要求。

2. 全面性和系统性

涉及企业经营管理活动的各个方面，其内部监督和控制贯穿经营管理活动的全过程和全体员工。

3. 适应性

符合企业实际经营管理现状，无论是业务流程控制点的设置，还是授权项目权限的确定，都切实考虑在实际管理工作中是否可行，保证其可操作性。

4. 包容性

手册依据企业现行的各项管理制度规定，为规范企业具体业务操作、控制业务风险、达到业务目标而编制的一系列业务流程控制文件，内容涵盖企业重要业务和管理领域，与企业其他管理制度和体系不能相互抵触或产生矛盾，并根据企业业务和管理的实际状况，及时修改、完善。

5. 成本效益

内控合规活动始终贯彻成本效益原则，以提升企业规范化管理水平，防范经营风险为目标，手册权衡实施内控合规的成本与预期效益，以适当的成本实现有效控制。

（四）手册结构

手册基本涵盖企业全部经营业务，范围覆盖高风险及重点控制环节，主要包含七个部分：手册说明、组织架构与权责分配、内部环境、风险评估、控制活动、信息与沟通及内部监督。

1. 手册说明

手册说明部分介绍手册的编制目的、依据、原则、结构、定位、使用和更新等内容。

2. 组织架构及权责分配

组织架构及权责分配部分介绍内控合规管理组织架构和权责分配的相关要点。

3. 内部环境

内部环境部分介绍内部环境的概念，对企业使命、组织架构、人力资源政策、企业文化、社会责任、内部审计、廉洁从业、党建工作等各要素及关注要点、控制措施进行阐述。

4. 风险评估

风险评估部分介绍风险及风险评估的基本概念，对风险识别、风险分析和风险应对等方面的关注要点和控制措施进行阐述。

5. 控制活动

控制活动部分介绍控制活动的概念及分类，从流程说明、权限指引表、流程图及流程步骤说明四个方面规范各控制活动。

6. 信息与沟通

信息与沟通部分介绍信息与沟通的概念及要素，对内部信息沟通、信息披露、反舞弊的关注要点和相应的措施进行阐述。

7. 内部监督

内部监督部分介绍内部监督的概念及要素，从审计、内控评价等方面对企业内控合规实施情况进行监督，不断改进。

手册主要部分在结构和内容上既相互联系，又各成体系，并与企业的制度体系、管控方式相辅相成，共同构成了支撑企业有效运营的管理体系。

（五）手册定位

1. 管理积淀与管理创新结合

手册是在总结企业管理实践、借鉴其他企业管理经验基础上编制而成，是管理经验的沉淀和提炼。同时融合先进的风险管理理念和流程管理理念，推动企业业务标准化、规范化运作，为企业内控与风险管理体系的后续优化奠定基础。

2. 贯彻风险预控的管理理念

手册贯彻"以风险为导向，以内控合规为手段"的内控与风险管理理念，强调事前和事中控制，在构建良好的内部环境的基础上，把管理风险作为内控合规的目标，实现风险预控和标准化管理。

3. 对现有管理体系的融入与整合

手册以风险管控为主线，将管理理念和企业文化贯穿其中，从风险视角出发，将内控合规的原则和方法紧密融合到制度和流程建设中，形成协调一致的有机整体。

4. 具有广泛适用性和前瞻性

手册以财政部等五部委发布的《企业内部控制基本规范》及其配套指引为指导，在借鉴国际较为成熟的内控合规和风险管理框架的基础上，立足我国国情，按照上级单位要求，充分考虑企业实际情况，为各项业务活动提供了具体的操作指南。在覆盖现有业务活动的同时，也能适应未来一定时期业务发展的需要。

5. 具有强制性和约束性

手册明确了企业建立内控与风险管理体系及框架所需遵循的标准，规范了管理层及员工的管理与业务控制活动，不仅适用于总体层面的控制，同时适用于经营管理业务流程层面的控制和信息层面的控制。

（六）手册使用

手册提供了一套科学、系统的内控合规实施方法和标准，是企业实施内控合规的纲领性文件，覆盖并适用于企业的重要业务及管理活动，适用于平台及子、分公司。

（七）手册更新

手册是根据企业的实际业务流程进行编制，应根据企业发展的实际和要求的变化进行维护更新，手册原则上每年更新一次，发生以下事件，企业应及时组织修订：

（1）国家有关法律法规、行业监管政策或企业相关制度等变动，造成控制变化的。

（2）组织机构、部门职责、经营业务、信息系统等变动，造成控制变化的。

（3）通过内控合规评价、审计发现控制发生变化的。

（4）其他需修订的情形。

二、组织架构与权责分配

企业按照内控合规规范要求，建立内控合规组织职能体系，明确组织结构和具体职责，确保内控合规工作顺利开展，为企业战略目标的实现和可持续发展提供合理保证。

企业内控合规体系建设与运行实行分级管理。企业决策层包括董事会、总经理办公会，主要职责是对企业战略、目标、纲领和实施方案进行宏观控制。企业设置内控合规管理办公室，主要职责是负责企业内控合规体系建设和日常管理工作，指导和监督所属企业内控合规体系建设。管理层包括六个职能管理部门（综合管理部、经营审计部、财务资产部、人力资源部、安全监察部、工程物力部），主要职责是把决策层制定的企业战略、运营策略、业务模式等贯彻到各个执行层面，并对日常工作进行组织、管理和协调。企业执行层主要包括平台及各子、分公司，主要职责是在决策层和管理层的协调下，通过各种管理方式把企业发展目标化为具体行动。

（一）董事会

董事会为内控合规管理决策机构，负责组织企业内控合规工作。主要职责包括：

（1）批准企业内控合规体系建设、内控合规监督评价、内控合规审计等内控合规体系相关总体目标、规划和年度计划。

（2）批准企业内控合规体系管理组织机构及其职责。

（3）批准企业《企业内控合规实务操作手册》等内控合规重要文件。

（4）批准企业重大决策、重大风险、重大事件和重要业务流程的判断标准或判断机制。

（5）批准企业《内控合规评价方案》《内控合规评价报告》等内控合规评价重要文件及内控合规专项评价报告等文件。

（6）审定企业内控评价发现的重大缺陷及缺陷整改方案。

（7）批准企业年度全面风险管理报告。

（8）批准其他内控合规管理相关重要工作成果。

（二）总经理办公会

根据企业组织架构设定，企业设置总经理办公会。主要职责包括：

（1）在总经理办公会，以全面风险管理为导向，营造内控合规运行环境，培育企业风险管理文化。

（2）审议企业内控合规体系建设、内控合规监督评价、内控合规审计等内控合规体系相关总体目标、规划和年度计划，并报董事会批准。

（3）审议企业内控合规体系管理组织机构及其职责，并报董事会批准。

（4）审议企业《企业内控合规实务操作手册》等内控合规重要文件，并报董事会批准。

（5）审议企业重大决策、重大风险、重大事件和重要业务流程的判断标准或判断机制，并报董事会批准。

（6）审议企业《内控合规评价方案》《内控合规评价报告》等内控合规评价重要文件，并报董事会批准。

（7）审定内控合规评价发现的一般及重要缺陷，重大缺陷及缺陷整改方案报董事会审定。

（8）审议企业内控合规审计专项计划及报告等重要文件，并报董事会批准。

（9）审议企业有关内控合规监督评价和审计的其他相关重要工作成果，并报董事会批准。

（10）审议企业年度全面风险管理报告。

（11）办理企业董事会授权的有关内控合规管理的其他事项。

（三）第一道防线

各业务职能部门是内控合规体系的第一道防线，负责本部门内控合规体系的完善和执行工作。主要职责包括：

（1）按照内控合规工作的总体部署，确定本部门内控合规工作内容。

（2）负责对本部门职责范围内的制度进行梳理，落实企业内控合规管理基本要求。

（3）按照平台企业风险评估工作要求进行风险评估，根据评估结果和实际经营变化情况对本部门职责范围内的内控合规管理提出修订申请，报内控合规归口管理部门。

（4）根据内控合规监督评价工作方案和标准，开展本部门内控合规监督、自查、自评工作，形成自查、自评报告。

（5）根据内控合规自查结果，梳理内控合规缺陷。

（6）配合开展涉及本部门的内控合规监督评价工作。

（7）参与本部门内控合规缺陷的认定。

（8）针对内控合规中存在的缺陷制定整改计划。

（9）落实整改计划，并及时报送整改情况报告。

（10）完成本部门与内控合规相关的其他工作。

（四）第二道防线

内控及合规办公室是企业内控合规归口管理部门，是内控合规体系的第二道防线，负责企业内控合规建设及日常管理。主要职责包括：

（1）组织拟定并持续修订完善企业内控合规体系相关建设与工作规划、管理制度、业务流程标准、考核方案、监督机制、内控合规标准等重要文件，报总经理办公会审议。

（2）组织起草企业重大决策、重大风险、重大事件和重要业务流程的判断标准或判断机制，报总经理办公会审议。

（3）组织开展企业风险识别与评估，并组织编写企业《全面风险管理报告》。

（4）依据上级单位内控合规监督评价总体要求，参与内控合规监督评价工作，结合企业内、外部审计中发现的内控合规缺陷，提出年度内控合规工作重点，及时组织整改落实工作。

（5）组织审核企业内控合规体系建设相关资料，并负责内控合规体系的维护更新工作。

（6）组织企业内控合规体系知识培训及风险文化构建工作。

（7）组织企业全面风险管理系统实施工作。

（8）完成企业与内控合规管理相关的其他事项。

（五）第三道防线

经营审计部作为内控合规体系的第三道防线，负责定期对内控合规体系建设、执行情况进行监督评价，组织内部开展日常监督、专项监督评价及内控合规评价工作。主要职责包括：

（1）组织制定并持续修订完善内控合规监督评价、内控审计等总体目标、规划和年度计划。

（2）组织制定并持续修订完善《内控合规评价方案》《内控合规评价报告》等重要文件，并对各部门内控合规实施情况进行监督评价。

（3）组织配合、协调和沟通外部机构关于内控合规监督评价和内控审计的相关事项。

（4）完成与内控合规监督评价相关的其他事项。

（六）各子、分公司

各子、分公司根据企业的统一要求执行内控合规政策，建立符合实际的内控合规管理体系。各子、分公司根据自身实际设立内控合规机构或明确内控合规主管部门，内控合规主管部门负责本企业内控合规工作的协调和推进，主要职责包括：

（1）根据企业的统一要求执行内控合规的政策，健全并细化符合自身实际的内控合规管理体系。

（2）树立良好的风险管理意识，积极培养内控合规管理文化。

（3）根据企业统一要求制定本企业内控合规实施方案。

（4）制定本企业年度内控合规工作计划并分解实施。

（5）开展日常内控合规工作，包括体系的建立完善、专项内控检查整改。

（6）跟踪督导本企业其他职能部门内控合规日常工作的开展、整改措施的制定和落实执行，并提出专业指导意见。

（7）组织开展内控合规相关的知识、技能培训。

（8）完成其他内控合规工作。

三、内部环境

内部环境是内控合规的基础，是有效实施内控合规的保障，直接影响着企业内控合规的贯彻执行、企业经营目标及整体战略目标的实现。内部环境确定了企业对于内控合规的总体基调，影响着企业内控合规的方方面面，是内控合规其他构成要素的基础。企业的内部环境主要包括组织架构、发展战略、人力资源、社会责任、企业文化、内部审计、廉洁从业、党建工作等。

（一）组织架构

1. 控制目标

（1）规范企业组织架构设置，按照现代企业制度建立规范和完善的企业治理和管控结构，使企业组织架构符合国家相关法律法规的要求。

（2）明确决策层、管理层和执行层的职责权限、任职条件、议事规则和工作程序，确保决策、执行和监督的相互分离，形成有效制衡，确保科学决策和贯彻落实的有效性，保障企业经营的效率效果，促进企业发展战略的实现。

2. 关键控制措施

（1）建立"三会一层"的治理结构。规范股东会、董事会、监事会、高级管理层的运作，明确党组织在法人治理结构中的法定地位，建立权责对等、运作协调、有效制衡的决策执行监督机制，保证决策、执行和监督相互分离，形成制衡。

（2）建立"三重一大"决策机制。"三重一大"事项是指涉及企业重大决策、重要人事任免、重大项目安排和大额度资金运作的事项。"三重一大"决策坚持集体决策、科学决策、民主决策、依法决策的原则，充分发挥集体智慧和力量，规范决策行为，提高决策水平，防范决策风险，促进反腐倡廉建设。编制党委会和总经理办公会决策事项参考清单。充分运用决策资料模板化管理、决策议题报备分析，全面提升"三重一大"决策管理水平。

（3）明确各机构的职能划分。根据企业组织机构设置，对各部门职责进行合理分解。充分考虑不相容职务相互分离的要求，确定具体岗位名称、职责和工作要求，明确各岗位权限。

（二）发展战略

1. 控制目标

（1）根据企业发展目标，并依据对内外部环境的分析和研判，制定企业战略规划，提高企业竞争优势，增强发展动力，抓住发展机遇。

（2）根据企业实际能力和核心业务，制定相匹配的企业战略，避免过度扩张或动力不足导致的经营失败。

（3）建立战略的统筹协调管理机制，保证战略的实际执行力，避免主观原因导致的频繁变动，节约企业资源。

2. 关键控制措施

（1）根据企业发展目标制定发展战略。在综合考虑宏观经济政策、国内外市场需求变化、技术发展趋势、行业及竞争对手状况、可利用的资源水平和自身优势与劣势等影响因素的情况下，对发展目标和战略规划进行可行性研究和科学论证，制定符合企业实际情况的发展战略。

（2）完善战略实施管理机制。根据企业发展战略，制定年度工作计划，编制全面预算，将年度目标分解、落实。明确企业战略管理的职能部门、岗位职责和人员配置。加强企业战略的宣传贯彻、交流研讨等工作，提升企业系统战略管理和协同工作水平，加强战略实施过程中的保密管理，完善保密管理制度。

（3）制定战略实施监控机制。定期对企业战略执行情况进行自我评估，定期收集和分析战略实施中存在的重大问题，并及时制定对策进行整改。由于经济形势、产业政策、行业状况及不可抗力等因素发生重大变化，需要对发展战略进行调整的，及时上报并按照规定权限和程序调整发展战略。

（三）人力资源

1. 控制目标

（1）完善人力资源结构，健全人力资源开发机制，保证选拔和聘用的员工具备胜任能力，使人力资源与企业发展相适应，避免出现人力资源不足或过剩。

（2）完善人力资源激励约束制度及关键岗位的管理工作，保证科学有效的考核与激励机制，使员工道德素养和业务素质不断提高，保证员工责、权、利的有机统一，为企业战略目标实现提供必要的人才资源保障。

（3）完善人力资源退出机制，规范员工退出管理，避免出现劳动仲裁或法律诉讼等企业声誉受损的情况。

2. 关键控制措施

（1）制定年度人力资源计划。根据人力资源计划管理制度要求，结合企业战略与经营目标制定年度人力资源计划，并建立科学高效、规范有序的人力资源计划管理机制，将企业各类用工模式和人工成本全部纳入计划管理。实际实施过程中将年度人力资源计划分解落实，确保年度计划目标可控在控，避免出现人力资源供给不足或浪费的情况。

（2）保障员工福利待遇。严格执行上级企业下达的福利计划，根据福利计划和福利支出预算制定具体实施方案和经费计划。建立完善福利项目专项实施台账，维护福利项目实施信息，确保信息完整准确。加强对所属企业福利保障管理工作的监督检查与考核，对发现的问题限期整改纠正和处理，保障员工福利待遇。

（3）制定绩效考核体系。完善绩效考核管理办法，建立健全员工监督、约束、激励机制，将考核结果与员工薪酬挂钩，以正激励为导向，坚持公平、公正、公开的原则，充分调动员工的工作积极性、主动性，打造团结协作、严谨实干、务实高效的员工队伍，在企业营造争先创优的工作氛围，确保全面完成企业年度目标和任务。

（4）完善员工退出机制。完善员工退出机制，包括退二线、考核降岗、待岗、解除劳动合同、终止劳动合同、退休等。坚持"以人为本、依法合规；程序规范、公开公正"等原则，优化人力资源配置，避免出现劳动仲裁或法律诉讼对企业声誉造成的影响。

（四）社会责任

1. 控制目标

（1）围绕战略发展目标，积极主动承担社会责任，不断提高企业治理水平和可持续发展能力，为企业赢得良好的信誉，增强企业的竞争力。

（2）加强安全生产投入，提高安全生产管理水平，明确安全生产责任，降低安全事故风险，维护企业声誉及社会稳定。

（3）加强工程质量管理，保证工程项目安全投产，保障客户利益，避免纠纷和诉讼，提升企业形象。

（4）促进就业，为员工提供符合人权的劳动环境，提高员工积极性，促进企业持续健康发展。

2. 关键控制措施

（1）履行环境保护职责。根据《中华人民共和国环境保护法》《中华人民共和国水土保持法》《中华人民共和国环境影响评价法》《建设项目环境保护管理条例》等法律法规，开展对环境保护、水土保持相关的宣传、培训等工作。在项目施工过程中加强对环境保护和水土保持的监督，保证工程项目满足国家有关环境保护的要求。

（2）健全安全生产管理机制。贯彻"安全第一、预防为主、综合治理"的方针，完善安全风险管理体系、应急管理体系、事故调查体系，构建事前预防、事中控制、事后查处的工作机制，形成科学有效并持续改进的工作体系，降低安全事故风险。

（3）制定并实施安全生产教育和培训。对新入职员工进行安全教育培训，经考试合格后方可进入生产现场作业；特种作业人员，经专门培训，并经考试合格取得资格、单位书面批准后，方能参加相应的作业，增强员工安全生产意识，增加安全防护技能。

（4）定期对安全生产进行巡查。设立安全检查部，定期制定安全监督巡查计划，对安全生产进行监督巡查，针对巡查发现的安全隐患及时督促整改，防范安全风险，保证员工人身安全，保证工程项目正常运行。

（5）完善工程质量管理体系。制定工程质量管理工作计划和重点措施，通过日常检查、专项督查和质量管理评价等方式，加强工程项目质量管理。通过定期召开工作例会的形式，贯彻工程质量工作要求，总结分析企业工程质量工作状况，研究解决工程质量管理工作中存在的问题，保证工程质量，维护客户利益，避免产生纠纷和诉讼。

C06：通过多种途径进行招聘。每年根据企业人力资源计划要求，通过校园招聘或社会招聘的途径，吸收人才，促进就业。通过建立完善的福利及薪酬体系，保证员工稳定性及工作积极性。

（五）企业文化

1. 控制目标

（1）加强企业文化建设，建立适合企业实际的核心价值观体系，积极培育具有自身特色的文化内涵，提升企业信誉及企业形象。

（2）建设积极向上的企业文化，形成企业积极向上的价值观、诚实守信的经营理念、履行社会责任和开拓创新的企业精神及团队协作意识，增强员工对企业的信心及认同感，提升企业在市场竞争中的优势。

（3）培养员工开拓创新、团队协作的精神，树立现代管理理念，强化风险意识，保持企业持续健康发展。

2. 关键控制措施

（1）组建企业文化建设领导小组。单位主要负责人是企业文化建设管理的第一责任人，贯彻执行企业文化建设管理制度，负责决策本单位企业文化建设重要事项，领导企业创新实践载体，建设统一的企业文化。

（2）开展企业文化宣传。遵循企业文化建设规律，丰富创新手段载体，统筹利用各种传播平台，做好企业文化传播工作。广泛宣传企业文化的基本内涵，宣传企业文化建设典型经验和优秀成果，宣传弘扬企业精神、模范践行核心价值观的先进典型。

（3）开展企业文化培训。将企业文化培训纳入企业培训工作体系，以企业党政主要负责人、各级领导干部、企业文化建设工作骨干和新入职员工为重点，开展企业文化全员培训工作。结合实际，通过组织开展企业文化知识全员普考、随机抽考等方式，检验和提升培训工作质量和效果。

（4）开展企业文化活动。围绕企业重点工作、重大工程项目和重要工作举措，组织开展企业文化建设主题实践活动。适应广大员工需求，围绕弘扬统一的企业文化，组织开展群众性道德实践活动、职工文化体育活动、青年文化实践活动。

（5）开展企业文化环境建设。严格执行品牌标识推广应用规定，以弘扬统一的企业文化、宣传企业中心工作为主题，合理利用办公、生产、施工及展示厅等场所开展企业文化环境建设。

（六）内部审计

1. 控制目标

（1）加强内部审计工作，保证内部审计机构设置、人员配备和工作的独立性。

（2）加强企业系统的内部审计计划管理工作，规范审计人员编制内部审计计划，保证及时、有效地执行内部审计任务，提高内部审计效率。

（3）对内控合规的有效性进行内部监督检查，对发现的问题及时进行报告。

（4）落实执行内部审计基本准则、内部审计具体准则，强化质量意识，规范内部审计行为，提高内部审计质量，总结和推广优秀审计项目经验，发挥内部审计在企业管理中的作用，促进企业内部审计工作水平的提高。

2. 关键控制措施

（1）加强组织能力建设。企业设置审计岗，人员要具备必要的学识及业务能力，熟悉企业的经营活动和内控合规，并不断通过继续教育来保持和提高专业胜任能力。审计相关人员应遵守职业道德规范，保持应有的客观性、独立性和职业谨慎，且避免对自己提供咨询的事项实施内部监督和评价。

（2）加强制度机制建设。企业制定内部审计相关管理制度，形成健全、有效的内部审计监督体系。内部审计岗位每年年初，根据企业年度重点工作确定审计重点，编制年度审计工作计划和审计项目计划，报总经理办公会审议，批准后组织实施。

内部审计包括经济责任审计、工程竣工决算审计、财务收支审计、内控合规审计、专项审计调查等。

（3）加强审计全过程管控。规范审计计划、方案、测试、沟通、认定、报告、后续审计的工作程序，加强审计质量管理，保证审计结果客观反映企业实际情况。

（4）加强审计成果应用。审计岗根据审计结果提出审计结论和审计意见，报经主管领导批准后，下达被审计单位、部门。同时要强化审计监督、服务的质量与效果，注重审计问题的整改落实，持续开展后续审计工作。跟踪审计问题整改的落实情况，充分发挥审计成果的效用。

（七）廉洁从业

1. 控制目标

（1）在坚决惩治腐败的同时，更加注重治本，更加注重预防，更加注重制度建设，拓展从源头上防治腐败工作领域。

（2）推进廉洁风险防控机制建设，创新纪检监察工作方式，提高反腐倡廉建设科学化水平。

（3）遵循科学评估、超前预防、实事求是、改革创新、务求实效的基本原则，进一步推进廉洁风险防控机制建设。

2. 关键控制措施

（1）强化廉洁风险防控建设。探索创新纪检监察工作方式、提高反腐倡廉建设科学化水平。把更多的时间和精力用在预防腐败的环节上，督促领导干部树立廉洁风险防控意识，筑牢拒腐防变的思想道德防线，从而最大限度地降低腐败和不正之风发生的概率。

（2）查找岗位廉洁风险点。紧紧围绕工作职能和部门特点，按照从上而下的原则，采取自己找、群众提、领导点、组织评等方法，认真查找岗位廉洁风险点，重点查找单位管人、管钱、管事的管理岗位及与当事人接触的工作岗位风险点。

（3）强化风险岗位监控考核。努力实现对风险岗位的全程监控；将岗位责任考核与党风廉政目标考核同落实、同考核。

（4）加强信息化应用。运用网络及多媒体技术探索打造"在线廉洁警示教育培训室"，针对不同领域、层级和岗位开展沉浸体验式、互动式、情景模拟等多种形式的廉洁警示教育和培训。

（5）规范业务审批程序。规范"三重一大"决策程序，严格实行集体决策，避免越权审批，避免廉洁风险。

（6）强化重点领域的廉洁风险防控。重点关注采购管理、财务管理、工程分包、"八项费用"等重点领域重点环节的防控，严格审计、监察的监督责任，加强事前事中监管。

（八）党建工作

1. 控制目标

（1）深入贯彻上级党组织的部署要求，加强思想建设、作风建设、组织建设，增强党建工作成效。

（2）坚持党对思想政治工作的领导，找准思想政治工作的关键点，从精准掌握思想动态、主动做好思想引导和打造高素质思想政治工作队伍三个维度，探索思想政治工作新思路、新举措、新载体。

2. 关键控制措施

（1）加强基层党组织建设。健全党组织机构，建立完善企业章程、党委工作规则，严格党的组织生活，加强党员队伍教育管理，深化基层服务型党组织示范点建设，积极开展标杆党支部建设，巩固"两学一做"学习教育成果。

（2）加强领导班子及干部队伍建设。严格执行"三重一大"集体决策制度，形成传达学习重大决策部署的常态机制，贯彻国有企业领导人员"对党忠诚、勇于创新、治企有方、兴企有为、清正廉洁"标准及各项改进作风要求，增强班子凝聚力、战斗力、贡献力。

（3）加强党风廉政建设。落实管党治党责任，抓实抓好"两个责任"，彻底根除习惯性思维，积极发挥自律和他律的共同作用，加强反腐倡廉宣传教育，把握并运用好"四种形态"，树立良好的家规家风，确保"项目优良、团队优秀"。

（4）加强舆情管控。开展好对口精准扶贫，抓好信访维稳，保障职工合法权益，落实年度惠民工程项目，改善职工生产生活条件，提升职工幸福指数，保持职工队伍稳定。

四、风险评估

风险评估是企业及时识别、系统分析在开展经营活动过程中与实现内控合规目标相关的风险，合理确定风险应对策略的过程。风险评估是内控合规的重要环节，贯穿企业经营管理过程的始终，同时也贯穿于内控合规管理始终。

企业的风险评估主要程序是目标设定、风险评估、风险管理策略和应对，最终形成风险信息库。

（一）目标设定

企业根据规范要求，结合企业自身实际情况，确定风险评估总体目标，保证风险评估的效率和效果，保证生产经营管理合法合规，保证资产、财务报告及相关信息真实完整，促进企业实现发展战略。

（二）风险评估

企业通过复核企业内部控制总体目标，根据风险识别标准识别在达成目标过程中存在的各类风险，对内控及合规体系防范风险的效力进行评估。企业定期根据风险评估标准开展风险评估，针对评估的结果组织相关部门、中心及事务部制定风险应对方案。

（三）风险管理策略和应对

风险管理策略和应对是对风险管理提供策略参考，并提出风险应对的要求。企业应在风险评估的基础上，结合风险偏好和风险承受度选择风险管理策略，制定应对措施和解决方案，并通过风险监控与报告，确保风险管理策略和应对的有效实施。

五、控制活动

（一）战略与计划管理

1. 战略管理

（1）战略制定与审批

1）流程说明

流程目标	明确公司发展方向，提高公司生产经营活动的预见性和主动性，避免短期行为对公司的不利影响
适用范围	电力施工企业平台公司
相关制度	参照《国家电网公司生产工作规则》（国家电网企管〔2018〕94号）

2）权限指引表

层级	部门岗位	《部门公司战略编制意见》	《公司战略（讨论稿）》	《公司战略（终稿）》
平台公司	股东会	—	—	会审
	董事会	—	—	会审
	董事长	—	—	审批
	总经理	—	—	审批
	经营审计部分管领导	—	审批	审批
	职能部门分管领导	审批	—	—
	经营审计部经理	—	审批	审批
	职能部门经理	审批	—	—
	经营审计部专责	—	编制	编制
	职能部门专责	编制	—	—
审批方式		书面审批	书面审批	书面审批

（2）战略评估与调整

1）流程说明

流程目标	及时应对内外部环境变化，适时调整公司发展方向，紧跟发展大趋势，保证公司生产经营的灵活性和发展的可持续性
适用范围	电力施工企业平台公司
相关制度	参照《国家电网公司生产工作规则》

2）权限指引表

层级	部门岗位	《部门公司战略修订意见》	《公司战略修订意见》	《公司战略（修订稿）》
平台公司	股东会	—	—	会审
	董事会	—	—	会审
	董事长	—	—	审批
	总经理	—	—	审批
	经营审计部分管领导	—	审批	审批

续表

层级	部门岗位	《部门公司战略修订意见》	《公司战略修订意见》	《公司战略（修订稿）》
平台公司	职能部门分管领导	审批	—	—
	经营审计部经理	—	审批	审批
	职能部门经理	审批	—	—
	经营审计部专责	—	汇总	编制
	职能部门专责	编制	—	—
审批方式		书面审批	书面审批	书面审批

2. 计划管理

（1）年度生产经营计划编制与审批

1）流程说明

流程目标	逐层分解年度生产经营目标，落实各级管理层责任，增强各级管理层责任意识，提高公司生产经营效率和效益
适用范围	电力施工企业平台公司
相关制度	参照《国家电网公司生产工作规则》

2）权限指引表

层级	部门岗位	《部门年度生产经营计划编制意见》	《公司年度生产经营计划（讨论稿）》	《公司年度生产经营计划（终稿）》
平台公司	董事会	—	—	会审
	董事长	—	—	审批
	总经理	—	—	审批
	经营审计部分管领导	—	审批	审批
	职能部门分管领导	审批	—	—
	经营审计部经理	—	审批	审批
	职能部门经理	审批	—	—
	经营审计部专责	—	编制	编制
	职能部门专责	编制	—	—
审批方式		书面审批	书面审批	书面审批

（2）年度生产经营计划评估与调整

1）流程说明

流程目标	及时应对内外部环境变化，适时调整年度生产经营计划，正确考核各级管理层管理责任
适用范围	电力施工企业平台公司
相关制度	参照《国家电网公司生产工作规则》

2）权限指引表

层级	部门岗位	《部门年度生产经营计划调整意见》	《公司年度生产经营计划调整意见》	《公司年度生产经营计划（调整稿）》
平台公司	董事会	—	—	会审
	董事长	—	—	审批
	总经理	—	—	审批
	经营审计部分管领导	—	审批	审批
	职能部门分管领导	审批	—	—
	经营审计部经理	—	审批	审批
	职能部门经理	审批	—	—
	经营审计部专责	—	编制	编制
	职能部门专责	编制	—	—
审批方式		书面审批	书面审批	书面审批

（3）年度生产经营目标业绩考核

1）流程说明

流程目标	量化考核各责任主体年度生产经营目标完成情况并实施相应奖惩，保持员工工作积极性，提高公司生产经营效益
适用范围	电力施工企业平台公司
相关制度	参照《国家电网公司生产工作规则》

2）权限指引表

层级	部门岗位	《年度业绩考核方案（讨论稿)》	《年度业绩考核方案（终稿)》
平台公司	董事会	—	会审
	董事长	—	审批
	总经理	—	审批
	经营审计部分管领导	审批	审批
	经营审计部经理	审批	审批
	经营审计部专责	编制	编制
审批方式		书面审批	书面审批

（二）安全环境监督管理

1. 应急预案管理

（1）流程说明

流程目标	规范应急预案评估与修订流程，完善应急预案管理体系，增强应急预案科学性、针对性和实效性，保证安全生产
适用范围	电力施工企业平台及子、分公司
相关制度	参照《国家电网有限公司应急预案管理办法》[国网（安监/3)484—2019]

（2）权限指引表

层级	部门岗位	《应急预案》（平台公司）	《应急预案》（子公司）	《应急预案》（分公司）
平台公司	总经理办公会	会审	—	—
	总经理	审批	—	—
	安全监察部分管领导	审批	—	—
	安全监察部经理	审批	—	—
	安全监察部专责	编制		

层级	部门岗位	《应急预案》（平台公司）	《应急预案》（子公司）	《应急预案》（分公司）
子公司	总经理办公会	—	会审	—
	总经理	—	审批	—
	安全监察部分管领导	—	审批	—
	安全监察部经理	—	审批	—
	安全监察部专责	—	编制	—
分公司	安全生产例会	—	—	会审
	经理	—	—	审批
	安全工程部经理	—	—	审批
	安全工程部专责	—	—	编制
审批方式		书面审批	书面审批	书面审批

2. 安全生产责任制管理

（1）安全生产责任书签订

1）流程说明

流程目标	规范安全生产责任书签订流程，明确各级安全管理责任，提高安全管理水平，有效防范安全风险
适用范围	电力施工企业平台及子、分公司
相关制度	—

2）权限指引表

层级	部门岗位	《安全生产责任书》（平台公司与职能部门）	《安全生产责任书》（平台公司与子公司）
平台公司	董事长	签字	签字
	总经理	审批	审批
	安全监察部分管领导	审批	审批
	安全监察部经理	审批	审批
	安全监察部专责	修改	修改
审批方式		书面审批	书面审批

层级	部门岗位	《安全生产责任书》(平台公司职能部门与员工)	《安全生产责任书》(子公司职能部门与员工)	《安全生产责任书》(分公司职能部门与员工)
平台公司	总经理	审批	—	—
	安全监察部分管领导	审批	—	—
	安全监察部经理	审批	—	—
	安全监察部专责	修改	—	—
子公司	总经理	—	审批	—
	安全监察部分管领导	—	审批	—
	安全监察部经理	—	审批	—
	安全监察部专责	—	修改	—
分公司	经理	—	—	审批
	安全工程部经理	—	—	审批
	安全工程部专责	—	—	修改
审批方式		书面审批	书面审批	书面审批

（2）无违章员工、班组评选

1）流程说明

流程目标	提高员工、班组安全生产意识和积极性，有效防范安全事故的发生，保障员工人身安全
适用范围	电力施工企业平台及子、分公司
相关制度	参照《国网山东省电力公司创建"无违章员工、无违章班组"实施细则》（鲁电企管〔2018〕605号）

2）权限指引表

层级	部门岗位	《奖励汇总表》(子公司)	《奖励汇总表》(分公司)
平台公司	董事长	审批	—
	总经理	审批	—
	安全监察部分管领导	审批	—
	安全监察部经理	审批	—
	安全监察部专责	审核	—

续表

层级	部门岗位	《奖励汇总表》（子公司）	《奖励汇总表》（分公司）
子公司	总经理	审批	—
	安全监察部分管领导	审批	—
	安全监察部经理	审批	—
	安全监察部专责	编制	—
分公司	经理	—	审批
	安全工程部经理	—	审批
	安全工程部专责	—	编制
审批方式		书面审批	书面审批

层级	部门岗位	《评选推荐信息表》（子公司）	《评选推荐信息表》（分公司）
子公司	施工项目部经理	审批	—
	安全监察部专责	审核	—
	施工项目部项目经理	填写	—
分公司	安全工程部专责	—	审核
	施工项目部项目经理	—	填写
审批方式		书面审批	书面审批

3. 安全检查监督管理

（1）安全监督巡查

1）流程说明

流程目标	规范安全监督巡查流程，落实主体责任，纠正违规违法行为，排除安全事故隐患，保证安全生产
适用范围	电力施工企业平台及子、分公司
相关制度	参照《国家电网有限公司集体企业安全生产管理工作规则》（国家电网企管〔2018〕1180 号）

2）权限指引表

层级	部门岗位	《安全监督巡查次日计划》（平台公司）	《安全监督巡查次日计划》（子公司）	《安全监督巡查次日计划》（分公司）
平台公司	安全监察部经理	审批	—	—
	安全监察部专责	编制	—	—
子公司	安全监察部经理	—	审批	—
	安全监察部专责	—	编制	—
分公司	安全工程部经理	—	—	审批
	安全工程部专责	—	—	编制
审批方式		书面审批	书面审批	书面审批

（2）巡查问题整改及考核

1）流程说明

流程目标	及时、有效排查并治理安全隐患，防范安全事故发生，实现安全生产闭环管理
适用范围	电力施工企业平台及子、分公司
相关制度	参照《国家电网有限公司集体企业安全生产管理工作规则》

2）权限指引表

层级	部门岗位	《整改通知单》《罚单》（平台公司）	《整改通知单》《罚单》（子公司）	《整改通知单》《罚单》（分公司）
平台公司	安全监察部经理	审批	—	—
	安全监察部安全督察队	编制	—	—
子公司	安全监察部经理	—	审批	—
	安全监察部安全督察队	—	编制	—
分公司	安全工程部经理	—	—	审批
	安全工程部安全督察队	—	—	编制
审批方式		书面审批	书面审批	书面审批

层级	部门岗位	《整改回复单》（平台公司）	《整改回复单》（子公司）	《整改回复单》（分公司）
平台公司	安全监察部经理	审批	—	—
	安全监察部专责	审核	—	—
子公司	安全监察部经理	—	审批	—
	安全监察部专责	—	审核	—
分公司	安全工程部经理	—	—	审批
	安全工程部专责	—	—	审核
审批方式		书面审批	书面审批	书面审批

层级	部门岗位	《整改报备单》《收款回执》（平台公司）	《整改报备单》《收款回执》（子公司）	《整改报备单》《收款回执》（分公司）
平台公司	安全监察部经理	审批	—	—
	安全监察部专责	审核	—	—
子公司	安全监察部经理	—	审批	—
	安全监察部专责	—	审核	—
分公司	安全工程部经理	—	—	审批
	安全工程部专责	—	—	审核
审批方式		书面审批	书面审批	书面审批

4. 安全生产例会

（1）流程说明

流程目标	建立有效的安全生产指挥系统和良好的安全生产会议秩序，掌握公司安全生产情况，及时处理安全问题，消除事故隐患，保证安全生产
适用范围	电力施工企业平台及子、分公司
相关制度	—

（2）权限指引表

层级	部门岗位	《安全生产工作情况报告》（平台公司）	《安全生产工作情况报告》（子公司）	《安全生产工作情况报告》（分公司）
平台公司	总经理	审批	—	—
	安全监察部分管领导	审批	—	—
	安全监察部经理	审批	—	—
	安全监察部专责	编写	—	—
子公司	总经理	—	审批	—
	安全监察部分管领导	—	审批	—
	安全监察部经理	—	审批	—
	安全监察部专责	—	编写	—
分公司	经理	—	—	审批
	安全工程部经理	—	—	审批
	安全工程部专责	—	—	编写
审批方式		书面审批	书面审批	书面审批

5. 安全信息简报管理

（1）流程说明

流程目标	增强安全生产意识，及时汇报安全管理情况，消除安全隐患，避免人身财产损失，降低安全事故发生风险
适用范围	电力施工企业平台及子、分公司
相关制度	参照《国家电网有限公司集体企业安全生产管理工作规则》

（2）权限指引表

层级	部门岗位	《司安全简报》（平台公司）	《安全简报》（子公司）	《安全简报》（分公司）
平台公司	总经理	审批	—	—
	安全监察部分管领导	审批	—	—

续表

层级	部门岗位	《司安全简报》（平台公司）	《安全简报》（子公司）	《安全简报》（分公司）
平台公司	安全监察部经理	审批	—	—
	安全监察部专责	编制	—	—
子公司	总经理	—	审批	—
	安全监察部分管领导	—	审批	—
	安全监察部经理	—	审批	—
	安全监察部专责	—	编制	—
分公司	经理	—	—	审批
	安全工程部经理	—	—	审批
	安全工程部专责	—	—	编制
审批方式		书面审批	书面审批	书面审批

6. 安全工器具管理

（1）安全工器具发放

1）流程说明

流程目标	加强安全工器具发放管理，完善安全生产条件，确保员工人身安全，降低安全事故发生风险
适用范围	电力施工企业平台及子、分公司
相关制度	参照《国家电网有限公司安全技术劳动保护措施计划管理办法》（国家电网企管〔2020〕351号）

2）权限指引表

层级	部门岗位	《安全工器具领用申请表》（平台公司）	《安全工器具领用申请表》（子公司）	《安全工器具领用申请表》（分公司）
平台公司	总经理	审批	—	—
	安全监察部分管领导	审批	—	—
	安全监察部经理	审批	—	—
	需求部门经理	审批	—	—

续表

层级	部门岗位	《安全工器具领用申请表》（平台公司）	《安全工器具领用申请表》（子公司）	《安全工器具领用申请表》（分公司）
平台公司	安全监察部专责	审核	—	—
	需求部门专责	编制	—	—
子公司	总经理	—	审批	—
	安全监察部分管领导	—	审批	—
	安全监察部经理	—	审批	—
	需求部门经理	—	审批	—
	安全监察部专责	—	审核	—
	需求部门专责	—	编制	—
分公司	经理	—	—	审批
	安全工程部经理	—	—	审批
	需求部门经理	—	—	审批
	安全工程部专责	—	—	审核
	需求部门专责	—	—	编制
审批方式		书面审批	书面审批	书面审批

（2）安全工器具抽检

1）流程说明

流程目标	规范安全工器具抽检管理，确保安全工器具产品质量和安全使用，保障员工人身安全
适用范围	电力施工企业平台及子、分公司
相关制度	参照《国家电网有限公司安全技术劳动保护措施计划管理办法》

2）权限指引表

层级	部门岗位	《安全工器具抽检审批表》（平台公司）	《安全工器具抽检审批表》（子公司）	《安全工器具抽检审批表》（分公司）
平台公司	总经理	审批	—	—
	安全监察部分管领导	审批	—	—

续表

层级	部门岗位	《安全工器具抽检审批表》（平台公司）	《安全工器具抽检审批表》（子公司）	《安全工器具抽检审批表》（分公司）
平台公司	安全监察部经理	审批	—	—
	安全监察部专责	编制	—	—
子公司	总经理	—	审批	—
	安全监察部分管领导	—	审批	—
	安全监察部经理	—	审批	—
	安全监察部专责	—	编制	—
分公司	经理	—	—	审批
	安全工程部经理	—	—	审批
	安全工程部专责	—	—	编制
审批方式		书面审批	书面审批	书面审批

层级	部门岗位	《安全工器具检测报告》（平台公司）	《安全工器具检测报告》（子公司）	《安全工器具检测报告》（分公司）
平台公司	总经理	审批	—	—
	安全监察部分管领导	审批	—	—
	安全监察部经理	审批	—	—
	安全监察部专责	接收	—	—
子公司	总经理	—	审批	—
	安全监察部分管领导	—	审批	—
	安全监察部经理	—	审批	—
	安全监察部专责	—	接收	—
分公司	经理	—	—	审批
	安全工程部经理	—	—	审批
	安全工程部专责	—	—	接收
审批方式		书面审批	书面审批	书面审批

7. 劳动保护用品发放管理

（1）流程说明

流程目标	规范劳动保护用品发放流程，加强劳动保护，改善劳动条件，保障员工的安全与健康
适用范围	电力施工企业平台及子、分公司
相关制度	参照《国家电网有限公司劳动防护用品管理办法》（国家电网企管〔2019〕557号）

（2）权限指引表

层级	部门岗位	《劳动保护用品领用申请表》（平台公司）	《劳动保护用品领用申请表》（子公司）	《劳动保护用品领用申请表》（分公司）
平台公司	总经理	审批	—	—
	人力资源部分管领导	审批	—	—
	人力资源部经理	审批	—	—
	需求部门经理	审批	—	—
	人力资源部专责	审核	—	—
	需求部门专责	编制	—	—
子公司	总经理	—	审批	—
	人力资源部分管领导	—	审批	—
	人力资源部经理	—	审批	—
	需求部门经理	—	审批	—
	人力资源部专责	—	审核	—
	需求部门专责	—	编制	—
分公司	经理	—	—	审批
	综合事务部经理	—	—	审批
	需求部门经理	—	—	审批
	综合事务部专责	—	—	审核
	需求部门专责	—	—	编制
审批方式		书面审批	书面审批	书面审批

（三）人力资源管理

1. 人力资源计划管理

（1）流程说明

流程目标	规范人力资源需求计划编制与上报流程，满足公司人力资源质量和数量方面的需要，为公司发展提供人力保障
适用范围	电力施工企业平台及子、分公司
相关制度	参照《国网山东省电力公司人力资源计划管理实施细则》（鲁电人资〔2017〕852号）

（2）权限指引表

层级	部门岗位	《部门人员需求计划》（平台公司）	《部门人员需求计划》（子公司）	《部门人员需求计划》（分公司）
平台公司	职能部门分管领导	审批	—	—
	职能部门经理	编制	—	—
子公司	职能部门分管领导	—	审批	—
	职能部门经理	—	编制	—
分公司	职能部门经理	—	—	编制
审批方式		书面审批	书面审批	书面审批

层级	部门岗位	《人员需求计划》（平台公司）	《人员需求计划》（子公司）	《人员需求计划》（分公司）
平台公司	董事会	会审	—	—
	董事长	审批	—	—
	总经理	审批	—	—
	人力资源部分管领导	审批	—	—
	人力资源部经理	审批	—	—
	人力资源部专责	编制	—	—

续表

层级	部门岗位	《平台公司人员需求计划》	《子公司人员需求计划》	《分公司人员需求计划》
子公司	总经理	—	审批	—
	人力资源部分管领导	—	审批	—
	人力资源部经理	—	审批	—
	人力资源部专责	—	编制	—
分公司	经理	—	—	审批
	综合事务部经理	—	—	审批
	综合事务部专责	—	—	编制
审批方式		书面审批	书面审批	书面审批

2. 员工招聘与入职管理

（1）流程说明

流程目标	建立健全员工选拔和录用机制，规范招聘与入职流程，降低招聘舞弊风险，进一步优化员工配置，保障公司人才需求
适用范围	电力施工企业平台公司
相关制度	参照《国家电网人力资源管理通则》（国家电网企管〔2014〕139号）

（2）权限指引表

层级	部门岗位	《招聘方案》	《笔试情况汇报》	《招聘结果汇总报告》
平台公司	董事会	会审	—	—
	董事长	审批	—	—
	总经理	审批	审批	审批
	人力资源部分管领导	审批	审批	审批
	人力资源部经理	审批	审批	审批
	人力资源部专责	编制	编制	编制
审批方式		书面审批	书面审批	书面审批

3. 员工调配管理

（1）流程说明

流程目标	规范员工调配程序，保证员工调配合规性，优化人力资源配置，提高公司经营效益
适用范围	电力施工企业平台及子、分公司
相关制度	参照《国家电网人力资源管理通则》

2）权限指引表

层级	部门岗位	《岗位变动申请表》（平台公司）	《岗位变动申请表》（子公司）	《岗位变动申请表》（分公司）
平台公司	人力资源部分管领导	审批	—	—
	调入部门分管领导	审批	—	—
	调出部门分管领导	审批	—	—
	人力资源部经理	审批	—	—
	调入部门经理	审批	—	—
	调出部门经理	审批	—	—
	调出部门拟调出员工	编写	—	—
子公司	人力资源部分管领导	—	审批	—
	调入部门分管领导	—	审批	—
	调出部门分管领导	—	审批	—
	人力资源部经理	—	审批	—
	调入部门经理	—	审批	—
	调出部门经理	—	审批	—
	调出部门拟调出员工	—	编写	—
分公司	经理	—	—	审批
	综合事务部经理	—	—	审批
	调入部门经理	—	—	审批
	调出部门经理	—	—	审批
	调出部门拟调出员工	—	—	编写
审批方式		书面审批	书面审批	书面审批

4. 员工辞职管理

（1）流程说明

流程目标	规范员工辞职程序，避免劳务纠纷，保障公司权益
适用范围	电力施工企业平台及子、分公司
相关制度	参照《国家电网公司员工退出管理规定》（国家电网企管〔2017〕124号）

（2）权限指引表

层级	部门岗位	《离职申请表》（平台公司）	《离职申请表》（子公司）	《离职申请表》（分公司）
平台公司	总经理	审批	—	—
	人力资源部分管领导	审批	—	—
	职能部门分管领导	审批	—	—
	人力资源部经理	审批	—	—
	职能部门经理	审批	—	—
	职能部门拟辞职员工	编制	—	—
子公司	总经理	—	审批	—
	人力资源部分管领导	—	审批	—
	职能部门分管领导	—	审批	—
	人力资源部经理	—	审批	—
	职能部门经理	—	审批	—
	职能部门拟辞职员工	—	编制	—
分公司	经理	—	—	审批
	综合事务部经理	—	—	审批
	职能部门经理	—	—	审批
	职能部门拟辞职员工	—	—	编制
审批方式		书面审批	书面审批	书面审批

5. 劳动争议调解管理

（1）流程说明

流程目标	规范劳动争议调解程序，及时、合理、公平、公正处理劳动纠纷，降低劳动纠纷对公司造成的不良影响，保障公司合法权益
适用范围	电力施工企业平台及子、分公司
相关制度	参照《国家电网公司员工退出管理规定》

（2）权限指引表

层级	部门岗位	《劳动争议解决方案》（平台公司）	《劳动争议解决方案》（子公司）	《劳动争议解决方案》（分公司）
平台公司	董事长	审批	—	—
	总经理	审批	—	—
	人力资源部分管领导	审批	—	—
	人力资源部经理	审批	—	—
	人力资源部专责	编制	—	—
子公司	总经理	—	审批	—
	人力资源部分管领导	—	审批	—
	人力资源部经理	—	审批	—
	人力资源部专责	—	编制	—
分公司	经理	—	—	审批
	综合事务部经理	—	—	审批
	综合事务部专责	—	—	编制
审批方式		书面审批	书面审批	书面审批

层级	部门岗位	《劳动争议协调结果报告》（平台公司）	《劳动争议协调结果报告》（子公司）	《劳动争议协调结果报告》（分公司）
平台公司	董事长	审批	—	—
	总经理	审批	—	—
	人力资源部分管领导	审批	—	—
	人力资源部经理	审批	—	—
	人力资源部专责	编制	—	—

续表

层级	部门岗位	《劳动争议协调结果报告》（平台公司）	《劳动争议协调结果报告》（子公司）	《劳动争议协调结果报告》（分公司）
子公司	总经理	—	审批	—
	人力资源部分管领导	—	审批	—
	人力资源部经理	—	审批	—
	人力资源部专责	—	编制	—
分公司	经理	—	—	审批
	综合事务部经理	—	—	审批
	综合事务部专责	—	—	编制
审批方式		书面审批	书面审批	书面审批

6. 年度培训计划管理

（1）流程说明

流程目标	科学合理制定年度培训计划，保证公司培训工作有序进行，提高员工个人素质和专业能力，满足公司生产经营及员工个人发展需求
适用范围	电力施工企业平台及子、分公司
相关制度	参照《国家电网有限公司教育培训管理规定》[国家电网企管〔2019〕428号之国网（人资/3）212—2019]

（2）权限指引表

层级	部门岗位	《部门年度培训计划》（平台公司）	《部门年度培训计划》（子公司）	《部门年度培训计划》（分公司）
平台公司	职能部门经理	审批	—	—
	职能部门专责	编制	—	—
子公司	职能部门经理	—	审批	—
	职能部门专责	—	编制	—
分公司	职能部门经理	—	—	审批
	职能部门专责	—	—	编制
审批方式		书面审批	书面审批	书面审批

层级	部门岗位	《年度培训计划》（平台公司）	《年度培训计划》（子公司）	《年度培训计划》（分公司）
平台公司	董事长	审批	—	—
	总经理	审批	—	—
	人力资源部分管领导	审批	—	—
	人力资源部经理	审批	—	—
	人力资源部专责	编制	—	—
子公司	总经理	—	审批	—
	人力资源部分管领导	—	审批	—
	人力资源部经理	—	审批	—
	人力资源部专责	—	编制	—
分公司	经理	—	—	审批
	综合事务部经理	—	—	审批
	综合事务部专责	—	—	编制
审批方式		书面审批	书面审批	书面审批

7. 培训及教育实施管理

（1）日常培训

1）流程说明

流程目标	落实公司年度培训计划，切实提高员工个人素质和专业水平，保障公司人才需求
适用范围	电力施工企业平台及子、分公司
相关制度	参照《国家电网公司培训项目质量管理办法》[国网（人资/4）847—2017]

2）权限指引表

层级	部门岗位	《培训评价报告》（平台公司）	《培训评价报告》（子公司）	《培训评价报告》（分公司）
平台公司	董事长	审批	—	—
	总经理	审批	—	—
	组织培训部门分管领导	审批	—	—

续表

层级	部门岗位	《培训评价报告》（平台公司）	《培训评价报告》（子公司）	《培训评价报告》（分公司）
平台公司	组织培训部门经理	审批	—	—
	组织培训部门专责	编制	—	—
子公司	总经理	—	审批	—
	组织培训部门分管领导	—	审批	—
	组织培训部门经理	—	审批	—
	组织培训部门专责	—	编制	—
分公司	经理	—	—	审批
	组织培训部门经理	—	—	审批
	组织培训部门专责	—	—	编制
审批方式		书面审批	书面审批	书面审批

（2）上级单位组织培训

1）流程说明

流程目标	积极响应上级单位培训号召，同时作为公司年度培训计划的补充，切实提高员工个人素质和专业水平，保障公司人才需求
适用范围	电力施工企业平台及子、分公司
相关制度	参照《国家电网公司培训项目质量管理办法》

2）权限指引表

层级	部门岗位	《部门培训需求信息表》（平台公司）	《部门培训需求信息表》（子公司）	《部门培训需求信息表》（分公司）
平台公司	职能部门经理	审批	—	—
	职能部门专责	填制	—	—
子公司	职能部门经理	—	审批	—
	职能部门专责	—	填制	—
分公司	职能部门经理	—	—	审批
	职能部门专责	—	—	填制
审批方式		书面审批	书面审批	书面审批

层级	部门岗位	《培训需求信息表》（平台公司）	《培训需求信息表》（子公司）	《培训需求信息表》（分公司）
平台公司	董事长	审批	—	—
	总经理	审批	—	—
	人力资源部分管领导	审批	—	—
	人力资源部经理	审批	—	—
	人力资源部专责	编制	—	—
子公司	总经理	—	审批	—
	人力资源部分管领导	—	审批	—
	人力资源部经理	—	审批	—
	人力资源部专责	—	编制	—
分公司	经理	—	—	审批
	综合事务部经理	—	—	审批
	综合事务部专责	—	—	编制
审批方式		书面审批	书面审批	书面审批

8. 员工绩效考核管理

（1）流程说明

流程目标	完善薪酬激励机制，调动员工工作积极性，提升员工履职尽责能力和工作绩效水平，提高企业生产经营效率和效益
适用范围	电力施工企业平台及子、分公司
相关制度	参照《国网山东省电力公司集体企业绩效管理指导意见》（鲁电人资〔2019〕609 号）

（2）权限指引表

层级	部门岗位	《部门考核意见表》（平台公司）	《部门考核意见表》（子公司）	《部门考核意见表》（分公司）
平台公司	职能部门分管领导	审批	—	—
	职能部门经理	审批	—	—
	职能部门专责	编制	—	—

续表

层级	部门岗位	《部门考核意见表》（平台公司）	《部门考核意见表》（子公司）	《部门考核意见表》（分公司）
子公司	职能部门分管领导	—	审批	—
	职能部门经理	—	审批	—
	职能部门专责	—	编制	—
分公司	职能部门经理	—	—	审批
	职能部门专责	—	—	编制
审批方式		书面审批	书面审批	书面审批

层级	部门岗位	《绩效考核分配表》（平台公司）	《绩效考核分配表》（子公司）	《绩效考核分配表》（分公司）
平台公司	董事长	审批	—	—
	总经理	审批	—	—
	人力资源部分管领导	审批	—	—
	人力资源部经理	审批	—	—
	人力资源部专责	编制	—	—
子公司	总经理	—	审批	—
	人力资源部分管领导	—	审批	—
	人力资源部经理	—	审批	—
	人力资源部专责	—	编制	—
分公司	经理	—	—	审批
	综合事务部经理	—	—	审批
	综合事务部专责	—	—	编制
审批方式		书面审批	书面审批	书面审批

9. 工资发放管理

（1）流程说明

流程目标	规范执行工资发放流程，提高发放效率，保证公司资金安全，确保法律合规
适用范围	电力施工企业平台及子、分公司
相关制度	参照《国家电网公司工资收入管理办法》（国家电网企管〔2014〕1553号）

（2）权限指引表

层级	部门岗位	《工资明细表》（平台公司）	《工资明细表》（子公司）	《工资明细表》（分公司）
平台公司	董事长	审批	—	—
	总经理	审批	—	—
	人力资源部分管领导	审批	—	—
	人力资源部经理	审批	—	—
	人力资源部专责	编制	—	—
子公司	总经理	—	审批	—
	人力资源部分管领导	—	审批	—
	人力资源部经理	—	审批	—
	人力资源部专责	—	编制	—
分公司	经理	—	—	审批
	综合事务部经理	—	—	审批
	综合事务部专责	—	—	编制
审批方式		书面审批	书面审批	书面审批

10. 勤假管理

（1）休假审批

1）流程说明

流程目标	规范执行休假审批程序，维护正常工作秩序，降低法律风险
适用范围	电力施工企业平台及子、分公司
相关制度	参照《国家电网有限公司职工带薪年休假管理办法》[国家电网企管〔2019〕428 号之国网（人资/4）326—2019（F）]

2）权限指引表

层级	部门岗位	《休假申请表》（平台公司）	《休假申请表》（子公司）	《休假申请表》（分公司）
平台公司	人力资源部分管领导	审批	—	—
	职能部门分管领导	审批	—	—

续表

层级	部门岗位	《休假申请表》（平台公司）	《休假申请表》（子公司）	《休假申请表》（分公司）
平台公司	人力资源部经理	审批	—	—
	职能部门经理	审批	—	—
	职能部门拟休假员工	填写	—	—
子公司	人力资源部分管领导	—	审批	—
	职能部门分管领导	—	审批	—
	人力资源部经理	—	审批	—
	职能部门经理	—	审批	—
	职能部门拟休假员工	—	填写	—
分公司	经理	—	—	审批
	综合事务部经理	—	—	审批
	职能部门经理	—	—	审批
	职能部门拟休假员工	—	—	填写
审批方式		书面审批	书面审批	书面审批

（2）加班审批

1）流程说明

流程目标	规范执行加班审批程序，维护正常工作秩序，降低法律风险
适用范围	电力施工企业平台及子、分公司
相关制度	—

2）权限指引表

层级	部门岗位	《加班申请表》（平台公司）	《加班申请表》（子公司）	《加班申请表》（分公司）
平台公司	人力资源部分管领导	审批	—	—
	职能部门分管领导	审批	—	—
	人力资源部经理	审批	—	—
	职能部门经理	审批	—	—
	职能部门拟加班员工	填写	—	—

续表

层级	部门岗位	《加班申请表》（平台公司）	《加班申请表》（子公司）	《加班申请表》（分公司）
子公司	人力资源部分管领导	—	审批	—
	职能部门分管领导	—	审批	—
	人力资源部经理	—	审批	—
	职能部门经理	—	审批	—
	职能部门拟加班员工	—	填写	—
分公司	经理	—	—	审批
	综合事务部经理	—	—	审批
	职能部门经理	—	—	审批
	职能部门拟加班员工	—	—	填写
审批方式		书面审批	书面审批	书面审批

（3）出差审批

1）流程说明

流程目标	严格落实出差审批制度，从严控制出差人数和天数，严禁无实质内容、无明确公务目的的差旅活动
适用范围	电力施工企业平台及子、分公司
相关制度	—

2）权限指引表

层级	部门岗位	《出差审批单》（平台公司）	《出差审批单》（子公司）	《出差审批单》（分公司）
平台公司	人力资源部分管领导	审批	—	—
	职能部门分管领导	审批	—	—
	人力资源部经理	审批	—	—
	职能部门经理	审批	—	—
	职能部门拟出差员工	填写	—	—
子公司	人力资源部分管领导	—	审批	—
	职能部门分管领导	—	审批	—
	人力资源部经理	—	审批	—

续表

层级	部门岗位	《出差审批单》（平台公司）	《出差审批单》（子公司）	《出差审批单》（分公司）
子公司	职能部门经理	—	审批	—
	职能部门拟出差员工	—	填写	—
分公司	经理	—	—	审批
	综合事务部经理	—	—	审批
	职能部门经理	—	—	审批
	职能部门拟出差员工	—	—	填写
审批方式		书面审批	书面审批	书面审批

（四）财务管理

1. 收入核算

（1）收入挂账核算

1）流程说明

流程目标	规范收入挂账核算程序，保证收入挂账核算的准确性和及时性，正确反映公司经营成果
适用范围	电力施工企业平台及子、分公司
相关制度	参照《国家电网有限公司省管产业单位资金监督管理办法》[国网（产业/4）663—2020]

2）权限指引表

层级	部门岗位	《应收单》（平台公司）	《应收单》（子公司）	《应收单》（分公司）
平台公司	财务资产部专责	审核	审核	
	职能部门专责	填写	—	
子公司	职能部门专责	—	填写	—
分公司	经营财务部专责	—	—	审核
	职能部门专责	—	—	填写
审批方式		系统审批	系统审批	系统审批

（2）收款核算

1）流程说明

流程目标	加强财务管理，规范财务收款流程，提高财务工作效能，防范资金风险，保障资金安全
适用范围	电力施工企业平台及子、分公司
相关制度	参照《国家电网有限公司省管产业单位资金监督管理办法》

2）权限指引表

层级	部门岗位	《收据》（平台公司）	《收据》（子公司）	《收据》（分公司）
平台公司/子公司	财务资产部会计	开具	开具	—
分公司	经营财务部会计	—	—	开具
审批方式		书面审批	书面审批	书面审批

（3）应收账款跟踪及分析

1）流程说明

流程目标	对应收账款进行总体风险控制，及时调整信用政策，避免公司遭受信用损失
适用范围	电力施工企业平台及子、分公司
相关制度	参照《国家电网有限公司省管产业单位资金监督管理办法》

2）权限指引表

层级	部门岗位	《催收记录》（平台公司）	《催收记录》（子公司）	《催收记录》（分公司）
平台公司	责任部门分管领导	审批	—	—
	责任部门经理	审批	—	—
	责任部门专责	编制	—	—
子公司	责任部门分管领导	—	审批	—
	责任部门经理	—	审批	—
	责任部门专责	—	编制	—

续表

层级	部门岗位	《催收记录》（平台公司）	《催收记录》（子公司）	《催收记录》（分公司）
分公司	责任部门经理	—	—	审批
	责任部门专责	—	—	编制
审批方式		书面审批	书面审批	书面审批

层级	部门岗位	《应收账款催收工作汇报》（平台公司）	《应收账款催收工作汇报》（子公司）	《应收账款催收工作汇报》（分公司）
平台公司	总经理	审批	—	—
	财务资产部分管领导	审批	审批	—
	财务资产部经理	审批	审批	—
	财务资产部专责	编制	编制	—
子公司	总经理	—	审批	—
分公司	经理	—	—	审批
	经营财务部经理	—	—	审批
	经营财务部专责	—	—	编制
审批方式		书面审批	书面审批	书面审批

2. 成本费用核算

（1）成本费用挂账核算

1）流程说明

流程目标	加强成本费用各环节管控，保证成本费用核算的准确性和及时性
适用范围	电力施工企业平台及子、分公司
相关制度	参照《国家电网有限公司省管产业单位资金监督管理办法》

2）权限指引表

层级	部门岗位	《报销审批单》（平台公司）	《报销审批单》（子公司）	《报销审批单》（分公司）
平台公司	董事长	审批	审批	—
	总经理	审批	审批	—
	财务资产部分管领导	审批	审批	—
	职能部门分管领导	审批	—	—
	财务资产部经理	审批	审批	—
	职能部门经理	审批	—	—
	财务资产部专责	审核	审核	—
	职能部门专责	填写	—	—
子公司	职能部门分管领导	—	审批	—
	职能部门经理	—	审批	—
	职能部门专责	—	填写	—
分公司	经理	—	—	审批
	经营财务部经理	—	—	审批
	职能部门经理	—	—	审批
	经营财务部专责	—	—	审核
	职能部门专责	—	—	填写
审批方式		书面审批	书面审批	书面审批

（2）付款核算

1）流程说明

流程目标	加强资金支付管理，防范资金风险，保证资金安全
适用范围	电力施工企业平台及子、分公司
相关制度	参照《国家电网有限公司省管产业单位资金监督管理办法》

2）权限指引表

层级	部门岗位	《资金支付申请表》（平台公司）	《资金支付申请表》（子公司）	《资金支付申请表》（分公司）
平台公司	董事长	审批	审批	—
	总经理	审批	审批	—
	财务资产部分管领导	审批	审批	—
	职能部门分管领导	审批	—	—
	财务资产部经理	审批	审批	—
	职能部门经理	审批	—	—
	财务资产部专责	审核	审核	—
	职能部门专责	填写	—	—
子公司	职能部门分管领导	—	审批	—
	职能部门经理	—	审批	—
	职能部门专责	—	填写	—
分公司	经理	—	—	审批
	经营财务部经理	—	—	审批
	职能部门经理	—	—	审批
	经营财务部专责	—	—	审核
	职能部门专责	—	—	填写
审批方式		书面审批	书面审批	书面审批

3. 决算报表管理

（1）流程说明

流程目标	规范财务结账及年度报表出具流程，明确决算报表上报工作要求，保证上报的决算报表准确、完整、及时
适用范围	电力施工企业平台及子、分公司
相关制度	参照《国家电网公司集体企业统计管理办法》[国网（产业/4）129—2017]

（2）权限指引表

层级	部门岗位	《决算报表》（平台公司）	《决算报表》（子公司）	《决算报表》（分公司）
平台公司	董事长	审批	—	—
	总经理	审批	—	—
	财务资产部分管领导	审批	审批	—
	财务资产部经理	审批	审批	—
	财务资产部专责	填制	填制	
子公司	总经理	—	审批	
分公司	经理			审批
	经营财务部经理			审批
	经营财务部专责	—	—	填制
审批方式		系统审批	系统审批	系统审批

4. 预算编制管理

（1）流程说明

流程目标	建立科学高效、规范有序的全面预算管理体系，为经营管理调控活动提供基本依据，提升经营管理质量
适用范围	电力施工企业平台及子、分公司
相关制度	参照《国家电网有限公司省管产业单位全面预算监督管理办法》[国网（产业/4）662—2020]

（2）权限指引表

层级	部门岗位	《部门预算数据》（平台公司）	《部门预算数据》（子公司）	《部门预算数据》（分公司）
平台公司	职能部门分管领导	审批	—	—
	职能部门经理	审批	—	—
	职能部门专责	整理汇总		
子公司	职能部门分管领导	—	审批	

续表

层级	部门岗位	《部门预算数据》（平台公司）	《部门预算数据》（子公司）	《部门预算数据》（分公司）
子公司	职能部门经理	—	审批	—
	职能部门专责	—	整理汇总	—
分公司	职能部门经理	—	—	审批
	职能部门专责	—	—	整理汇总
审批方式		书面审批	书面审批	书面审批

层级	部门岗位	《年度预算草案》（平台公司）	《年度预算草案》（子公司）	《年度预算草案》（分公司）
平台公司	董事会	会审	—	—
	董事长	审批	—	—
	总经理	审批	—	—
	财务资产部分管领导	审批	审批	—
	财务资产部经理	审批	审批	—
	财务资产部专责	编制	编制	—
子公司	总经理	—	审批	—
分公司	经理	—	—	审批
	经营财务部经理	—	—	审批
	经营财务部专责	—	—	编制
审批方式		书面审批	书面审批	书面审批

5. 预算调整管理

（1）预算外事项控制

1）流程说明

流程目标	规范预算外事项控制流程，在严格执行年度预算的情况下，保证生产经营活动具有适当的灵活性
适用范围	电力施工企业平台及子、分公司
相关制度	参照《国家电网有限公司省管产业单位全面预算监督管理办法》

2）权限指引表

层级	部门岗位	《预算外事项申请单》（平台公司）	《预算外事项申请单》（子公司）	《预算外事项申请单》（分公司）
平台公司	董事长	审批	审批	审批
	总经理	审批	审批	审批
	财务资产部分管领导	审批	审批	审批
	职能部门分管领导	审批	—	—
	财务资产部经理	审批	审批	审批
	职能部门经理	审批	—	—
	职能部门专责	填写	—	—
子公司	总经理	—	审批	审批
	职能部门分管领导	—	审批	—
	职能部门经理	—	审批	—
	职能部门专责	—	填写	—
分公司	经理	—	—	审批
	经营财务部经理	—	—	审批
	职能部门经理	—	—	审批
	职能部门专责	—	—	填写
审批方式		书面审批	书面审批	书面审批

（2）预算调整控制

1）流程说明

流程目标	对内外部环境重大变化及时做出反应，保证全面预算管理体系的灵活性和有效性
适用范围	电力施工企业平台及子、分公司
相关制度	参照《国家电网有限公司省管产业单位全面预算监督管理办法》

2）权限指引表

层级	部门岗位	《部门预算调整数据》（平台公司）	《部门预算调整数据》（子公司）	《部门预算调整数据》（分公司）
平台公司	职能部门分管领导	审批	—	—
	职能部门经理	审批	—	—
	职能部门专责	整理汇总	—	—
子公司	职能部门分管领导	—	审批	—
	职能部门经理	—	审批	—
	职能部门专责	—	整理汇总	—
分公司	职能部门经理	—	—	审批
	职能部门专责	—	—	整理汇总
审批方式		书面审批	书面审批	书面审批

层级	部门岗位	《预算调整草案》（平台公司）	《预算调整草案》（子公司）	《预算调整草案》（分公司）
平台公司	董事会	会审	—	—
	董事长	审批	—	—
	总经理	审批	—	—
	财务资产部分管领导	审批	审批	—
	财务资产部经理	审批	审批	—
	财务资产部专责	编制	编制	—
子公司	总经理	—	审批	—
分公司	经理	—	—	审批
	经营财务部经理	—	—	审批
	经营财务部专责	—	—	编制
审批方式		书面审批	书面审批	书面审批

6. 预算分析管理

（1）流程说明

流程目标	实时监控年度预算执行情况，跟踪分析存在问题，及时发现预算执行偏差并提出解决措施
适用范围	电力施工企业平台及子、分公司
相关制度	参照《国家电网有限公司省管产业单位全面预算监督管理办法》

（2）权限指引表

层级	部门岗位	《预算执行情况分析报告》（平台公司）	《预算执行情况分析报告》（子公司）	《预算执行情况分析报告》（分公司）
平台公司	董事长	审批	审批	审批
	总经理	审批	审批	审批
	财务资产部分管领导	审批	审批	审批
	财务资产部经理	审批	审批	审批
	财务资产部专责	编制	编制	—
子公司	总经理	—	审批	审批
分公司	经理	—	—	审批
	经营财务部经理	—	—	审批
	经营财务部专责	—	—	编制
审批方式		书面审批	书面审批	书面审批

7. 账户管理

（1）银行账户开立

1）流程说明

流程目标	加强银行账户管理，规范银行账户开立流程，确保所有银行账户可控、在控
适用范围	电力施工企业平台公司
相关制度	参照《国网山东省电力公司省管产业单位银行账户监督管理实施细则》（鲁电集管〔2020〕663号）

2）权限指引表

层级	部门岗位	《银行账户开立申请表》
平台公司	董事长	审批
	总经理	审批
	财务资产部分管领导	审批
	财务资产部经理	审批
	财务资产部专责	填写
审批方式		书面审批

（2）银行账户变更

1）流程说明

流程目标	加强银行账户管理，规范银行账户变更流程，及时更新银行账户信息，保证资金管理工作正常进行
适用范围	电力施工企业平台公司
相关制度	参照《国网山东省电力公司省管产业单位银行账户监督管理实施细则》

2）权限指引表

层级	部门岗位	《银行账户变更申请表》
平台公司	董事长	审批
	总经理	审批
	财务资产部分管领导	审批
	财务资产部经理	审批
	财务资产部专责	填写
审批方式		书面审批

（3）银行账户对账

1）流程说明

流程目标	规范银行账户对账流程，及时发现并清理未达账项，防范内部舞弊风险，保证资金安全
适用范围	电力施工企业平台及子、分公司
相关制度	参照《国家电网有限公司省管产业单位资金监督管理办法》

2）权限指引表

层级	部门岗位	《银行存款余额调节表》（平台公司）	《银行存款余额调节表》（子公司）	《银行存款余额调节表》（分公司）
平台公司/子公司	财务资产部经理	复核	复核	—
	财务资产部会计	编制	编制	—
分公司	经营财务部经理	—	—	复核
	经营财务部会计	—	—	编制
审批方式		书面审批	书面审批	书面审批

（4）银行账户注销

1）流程说明

流程目标	加强银行账户管理，规范银行账户注销流程，及时清理低效和闲置银行账户
适用范围	电力施工企业平台公司
相关制度	参照《国网山东省电力公司省管产业单位银行账户监督管理实施细则》

2）权限指引表

层级	部门岗位	《银行账户注销申请表》
平台公司	董事长	审批
	总经理	审批

续表

层级	部门岗位	《银行账户注销申请表》
平台公司	财务资产部分管领导	审批
	财务资产部经理	审批
	财务资产部专责	填写
审批方式		书面审批

8. 现金、票据及密钥管理

（1）现金、票据及密钥盘点

1）流程说明

流程目标	规范现金、票据及密钥盘点程序，保证账实相符，有效防范资金风险
适用范围	电力施工企业平台及子、分公司
相关制度	参照《国家电网有限公司省管产业单位资金监督管理办法》

2）权限指引表

层级	部门岗位	《盘点表》（平台公司）	《盘点表》（子公司）	《盘点表》（分公司）
平台公司/子公司	财务资产部经理	复核	复核	—
	财务资产部监盘人	监盘	监盘	—
	财务资产部盘点人	盘点并填写	盘点并填写	—
分公司	经营财务部经理	—	—	复核
	经营财务部监盘人	—	—	监盘
	经营财务部盘点人	—	—	盘点并填写
审批方式		书面审批	书面审批	书面审批

（2）密钥密码变更

1）流程说明

流程目标	加强密钥管理和监督工作，防范资金风险，保证资金安全
适用范围	电力施工企业平台及子、分公司
相关制度	参照《国家电网有限公司省管产业单位资金监督管理办法》

2）权限指引表

层级	部门岗位	《密钥密码变更登记表》（平台公司）	《密钥密码变更登记表》（子公司）	《密钥密码变更登记表》（分公司）
平台公司/子公司	财务资产部经理	审批	审批	—
	财务资产部密钥持有人	填写	填写	—
分公司	经营财务部经理	—	—	审批
	经营财务部密钥持有人	—	—	填写
审批方式		书面审批	书面审批	书面审批

（3）支票购买

1）流程说明

流程目标	加强支票购买管理，确保所有支票可控、在控，防范资金风险，保证资金安全
适用范围	电力施工企业平台及子、分公司
相关制度	参照《国家电网有限公司省管产业单位资金监督管理办法》

2）权限指引表

层级	部门岗位	《支票购买申请表》（平台公司）	《支票购买申请表》（子公司）	《支票购买申请表》（分公司）
平台公司/子公司	财务资产部经理	审批	审批	—
	财务资产部专责	填写	填写	—
分公司	经营财务部经理	—	—	审批
	经营财务部专责	—	—	填写
审批方式		书面审批	书面审批	书面审批

层级	部门岗位	《支票管理台账》（平台公司）	《支票管理台账》（子公司）	《支票管理台账》（分公司）
平台公司/子公司	财务资产部专责	登记	登记	—
分公司	经营财务部专责	—	—	登记
审批方式		书面审批	书面审批	书面审批

（4）支票作废

1）流程说明

流程目标	加强支票作废管理，确保所有支票可控、在控，防范资金风险，保证资金安全
适用范围	电力施工企业平台及子、分公司
相关制度	参照《国家电网有限公司省管产业单位资金监督管理办法》

2）权限指引表

层级	部门岗位	《支票管理台账》（平台公司）	《支票管理台账》（子公司）	《支票管理台账》（分公司）
平台公司/子公司	财务资产部专责	登记	登记	—
分公司	经营财务部专责	—	—	登记
审批方式		书面审批	书面审批	书面审批

层级	部门岗位	《支票作废登记表》（平台公司）	《支票作废登记表》（子公司）	《支票作废登记表》（分公司）
平台公司/子公司	财务资产部专责	登记	登记	—
分公司	经营财务部专责	—	—	登记
审批方式		书面审批	书面审批	书面审批

（5）银行承兑汇票收取

1）流程说明

流程目标	提高应收款项可回收性，规范银行承兑汇票收取程序，降低坏账风险，保证资金安全，避免信用损失
适用范围	电力施工企业平台及子、分公司
相关制度	参照《国家电网有限公司省管产业单位资金监督管理办法》

2）权限指引表

层级	部门岗位	《银行承兑汇票收取申请单》（平台公司）	《银行承兑汇票收取申请单》（子公司）	《银行承兑汇票收取申请单》（分公司）
平台公司	职能部门分管领导	审批	—	—
	财务资产部经理	审批	审批	—
	经营审计部经理	审批	—	—
	职能部门经理	审批	—	—
	职能部门专责	填写	—	—
子公司	职能部门分管领导	—	审批	—
	经营审计部经理	—	审批	—
	职能部门经理	—	审批	—
	职能部门专责	—	填写	—
分公司	经营财务部经理	—	—	审批
	职能部门经理	—	—	审批
	职能部门专责	—	—	填写
审批方式		书面审批	书面审批	书面审批

（6）银行承兑汇票转出

1）流程说明

流程目标	合理利用公司各类资产，规范银行承兑汇票转出程序，提高资产流动性，逐步提高公司财务管理水平
适用范围	电力施工企业平台及子、分公司
相关制度	参照《国家电网有限公司省管产业单位资金监督管理办法》

2）权限指引表

层级	部门岗位	《资金支付申请表》（平台公司）	《资金支付申请表》（子公司）	《资金支付申请表》（分公司）
平台公司	董事长	审批	审批	—
	总经理	审批	审批	—
	财务资产部分管领导	审批	审批	—
	职能部门分管领导	审批	—	—

续表

层级	部门岗位	《资金支付申请表》（平台公司）	《资金支付申请表》（子公司）	《资金支付申请表》（分公司）
平台公司	财务资产部经理	审批	审批	—
	职能部门经理	审批	—	—
	财务资产部专责	审核	审核	—
	职能部门专责	填写	—	—
子公司	职能部门分管领导	—	审批	—
	职能部门经理	—	审批	—
	职能部门专责	—	填写	—
分公司	经理	—	—	审批
	经营财务部经理	—	—	审批
	职能部门经理	—	—	审批
	经营财务部专责	—	—	审核
	职能部门专责	—	—	填写
审批方式		书面审批	书面审批	书面审批

9. 现金流预算编制管理

（1）流程说明

流程目标	强化现金流预算编制控制，通过业务流与资金流双控，保证年度预算目标实现
适用范围	电力施工企业平台及子、分公司
相关制度	参照《国家电网有限公司省管产业单位全面预算监督管理办法》

（2）权限指引表

层级	部门岗位	《部门月度资金预算数据》（平台公司）	《部门月度资金预算数据》（子公司）	《部门月度资金预算数据》（分公司）
平台公司	职能部门分管领导	审批	—	—
	职能部门经理	审批	—	—
	职能部门专责	整理汇总	—	—

续表

层级	部门岗位	《部门月度资金预算数据》（平台公司）	《部门月度资金预算数据》（子公司）	《部门月度资金预算数据》（分公司）
子公司	职能部门分管领导	—	审批	—
	职能部门经理	—	审批	—
	职能部门专责	—	整理汇总	—
分公司	职能部门经理	—	—	审批
	职能部门专责	—	—	整理汇总
审批方式		书面审批	书面审批	书面审批

层级	部门岗位	《月度资金预算》（平台公司）	《月度资金预算》（子公司）	《月度资金预算》（分公司）
平台公司	董事长	审批	审批	审批
	总经理	审批	审批	审批
	财务资产部分管领导	审批	审批	审批
	财务资产部经理	审批	审批	审批
	财务资产部专责	编制	编制	—
子公司	总经理	—	审批	审批
分公司	经理	—	—	审批
	经营财务部经理	—	—	审批
	经营财务部专责	—	—	编制
审批方式		书面审批	书面审批	书面审批

10. 工作交接管理

（1）流程说明

流程目标	规范工作交接流程，明确交接双方责任，落实资金岗位定期轮换、交流和强制休假机制
适用范围	电力施工企业平台及子、分公司
相关制度	参照《国家电网有限公司省管产业单位资金监督管理办法》

（2）权限指引表

层级	部门岗位	《岗位交接表》（平台公司）	《岗位交接表》（子公司）	《岗位交接表》（分公司）
平台公司/子公司	财务资产部经理	监督交接	监督交接	—
	财务资产部接交人	核对并交接	核对并交接	—
	财务资产部移交人	编制并移交	编制并移交	—
分公司	经营财务部经理	—	—	监督交接
	经营财务部接交人	—	—	核对并交接
	经营财务部移交人	—	—	编制并移交
审批方式		书面审批	书面审批	书面审批

11. 发票管理

（1）发票领用

1）流程说明

流程目标	规范发票日常管理，确保公司资金安全及税务合规，保证公司生产经营正常进行
适用范围	电力施工企业平台及子、分公司
相关制度	参照《国家电网有限公司纳税管理办法》（国家电网企管〔2019〕132 号）

2）权限指引表

层级	部门岗位	《发票领用申请表》（平台公司）	《发票领用申请表》（子公司）	《发票领用申请表》（分公司）
平台公司/子公司	财务资产部经理	审批	审批	—
	财务资产部税务专责	填写	填写	—
分公司	经营财务部经理	—	—	审批
	经营财务部税务专责	—	—	填写
审批方式		书面审批	书面审批	书面审批

（2）（红字）发票开具

1）流程说明

流程目标	规范发票日常管理，确保公司资金安全及税务合规，保证公司生产经营正常进行
适用范围	电力施工企业平台及子、分公司
相关制度	参照《国网山东省电力公司省管产业单位施工企业工程项目核算监督管理办法》（鲁电集管〔2020〕332号）和《国家电网有限公司纳税管理办法》

2）权限指引表

层级	部门岗位	《发票开具申请单》（平台公司）	《发票开具申请单》（子公司）	《发票开具申请单》（分公司）
平台公司	职能部门分管领导	审批	—	—
	财务资产部经理	审批	审批	—
	职能部门经理	审批	—	—
	财务资产部税务专责	审核	审核	—
	职能部门专责	填写	—	—
子公司	职能部门分管领导	—	审批	—
	职能部门经理	—	审批	—
	职能部门专责	—	填写	—
分公司	经营财务部经理	—	—	审批
	职能部门经理	—	—	审批
	经营财务部税务专责	—	—	审核
	职能部门专责	—	—	填写
审批方式		书面审批	书面审批	书面审批

12. 纳税申报管理

（1）流程说明

流程目标	规范税款申报管理，确保公司资金安全及税务合规，保证公司生产经营正常进行
适用范围	电力施工企业平台及子、分公司
相关制度	参照《国家电网有限公司纳税管理办法》

（2）权限指引表

层级	部门岗位	《税额计算明细表》（平台公司）	《税额计算明细表》（子公司）	《税额计算明细表》（分公司）
平台公司/子公司	财务资产部经理	审批	审批	—
	财务资产部稽核	审核	审核	—
	财务资产部税务专责	编制	编制	—
分公司	经营财务部经理	—	—	审批
	经营财务部稽核	—	—	审核
	经营财务部税务专责	—	—	编制
审批方式		书面审批	书面审批	书面审批

13. 财务稽核管理

（1）流程说明

流程目标	提高制证规范化水平，保证会计核算准确性
适用范围	电力施工企业平台及子、分公司
相关制度	参照《国家电网有限公司财务稽核管理办法》（国家电网企管〔2019〕427号）

（2）权限指引表

层级	部门岗位	会计凭证（平台公司）	会计凭证（子公司）	会计凭证（分公司）
平台公司/子公司	财务资产部经理	审核	审核	—
	财务资产部稽核	审核	审核	—
	财务资产部专责	制证	制证	审核
分公司	经营财务部经理	—	—	审核
	经营财务部稽核	—	—	审核
	经营财务部专责	—	—	制证
审批方式		书面审批	书面审批	书面审批

（五）物资管理

1. 物资（服务）需求计划管理

（1）物资（服务）框架需求计划编制与审批

1）流程说明

流程目标	规范物资（服务）框架采购流程，提高需求计划编制科学性和准确性，保证物资采购质量，确保企业生产经营活动正常进行
适用范围	电力施工企业平台及子、分公司
相关制度	参照《国家电网有限公司省管产业单位物资采购监督管理办法》（国家电网企管〔2020〕477号）

2）权限指引表

层级	部门岗位	《物资（服务）框架需求征集通知》	《部门物资（服务）框架需求》（平台公司）	《部门物资（服务）框架需求》（子公司）	《部门物资（服务）框架需求》（分公司）
平台公司	物资管理部经理	审批	—	—	—
	职能部门经理	—	审批	—	—
	物资管理部专责	编制	—	—	—
	职能部门专责	—	编制	—	—
子公司	职能部门经理	—	—	审批	—
	职能部门专责	—	—	编制	—
分公司	职能部门经理	—	—	—	审批
	职能部门专责	—	—	—	编制
审批方式		书面审批	书面审批	书面审批	书面审批

层级	部门岗位	《项目部物资（服务）框架需求》（子公司）	《项目部物资（服务）框架需求》（分公司）
子公司	项目部经理	审批	—
	项目部专责	编制	—
分公司	项目部专责	—	编制
审批方式		书面审批	书面审批

层级	部门岗位	《物资（服务）框架需求》（平台公司）	《物资（服务）框架需求》（子公司）	《物资（服务）框架需求》（分公司）
平台公司	董事长	审批	—	—
	总经理	审批	—	—
	物资管理部分管领导	审批	—	—
	物资管理部经理	审批	—	—
	物资管理部专责	编制	—	—
子公司	总经理	—	审批	—
	物资管理部分管领导	—	审批	—
	物资管理部经理	—	审批	—
	物资管理部专责	—	编制	—
分公司	经理	—	—	审批
	物资配送中心经理	—	—	审批
	物资配送中心专责	—	—	编制
审批方式		书面审批	书面审批	书面审批

（2）物资（服务）项目需求计划编制与审批

1）流程说明

流程目标	规范物资（服务）项目采购流程，提高需求计划编制科学性和准确性，保证物资采购质量，确保项目正常开展
适用范围	电力施工企业子、分公司
相关制度	参照《国家电网有限公司省管产业单位物资采购监督管理办法》

2）权限指引表

层级	部门岗位	《工程物资计划表》（子公司）	《工程物资计划表》（分公司）
子公司	总经理	审批	—
	物资管理部分管领导	审批	—
	物资管理部经理	审批	—

续表

层级	部门岗位	《工程物资计划表》（子公司）	《工程物资计划表》（分公司）
子公司	项目部经理	审批	—
	物资管理部专责	审核	—
	项目部项目经理	编制	—
分公司	经理	—	审批
	物资配送中心经理	—	审批
	物资配送中心专责	—	审核
	项目部项目经理	—	编制
审批方式		书面审批	书面审批

2. 招标/非招标采购管理

（1）流程说明

流程目标	规范招标/非招标采购流程，确保合规执行，提高物资采购效率，保证物资采购质量，确保企业生产经营活动正常进行
适用范围	电力施工企业平台及子、分公司
相关制度	参照《国家电网有限公司省管产业单位物资采购监督管理办法》

（2）权限指引表

层级	部门岗位	《请购单》（平台公司）	《请购单》（子公司）	《请购单》（分公司）
平台公司	总经理	审批	—	—
	物资管理部分管领导	审批	—	—
	物资管理部经理	审批	—	—
	物资管理部专责	编制	—	—
子公司	总经理	—	审批	—
	物资管理部分管领导	—	审批	—
	物资管理部经理	—	审批	—
	物资管理部专责	—	编制	—

续表

层级	部门岗位	《请购单》（平台公司）	《请购单》（子公司）	《请购单》（分公司）
分公司	经理	—	—	审批
	物资配送中心经理	—	—	审批
	物资配送中心专责			编制
审批方式		系统审批	系统审批	系统审批

层级	部门岗位	《采购业务处理申请单》（平台公司）	《采购业务处理申请单》（子公司）	《采购业务处理申请单》（分公司）
平台公司	总经理	审批	审批	审批
	物资管理部分管领导	审批	审批	审批
	物资管理部经理	审批	审批	审批
	物资管理部专责	编制		
子公司	总经理	—	审批	审批
	物资管理部分管领导	—	审批	审批
	物资管理部经理	—	审批	审批
	物资管理部专责	—	编制	—
分公司	经理			审批
	物资配送中心经理			审批
	物资配送中心专责	—	—	编制
审批方式		书面审批	书面审批	书面审批

层级	部门岗位	《中标候选人及确认表》（平台公司）	《中标候选人及确认表》（子公司）	《中标候选人及确认表》（分公司）
平台公司	总经理	审批	审批	审批
	物资管理部分管领导	审批	审批	审批
	物资管理部经理	审批	审批	审批
	物资管理部专责	接收	接收	接收
审批方式		书面审批	书面审批	书面审批

层级	部门岗位	《采购方案及采购方案执行》（平台公司）	《采购方案及采购方案执行》（子公司）	《采购方案及采购方案执行》（分公司）
平台公司	总经理	审批	审批	审批
	物资管理部分管领导	审批	审批	审批
	物资管理部经理	审批	审批	审批
	物资管理部专责	录入	录入	录入
审批方式		系统审批	系统审批	系统审批

3. 自主采购管理

（1）流程说明

流程目标	规范自主采购流程，提高采购效率，保证采购质量，确保合规执行
适用范围	电力施工企业平台及子、分公司
相关制度	参照《国家电网有限公司省管产业单位物资采购监督管理办法》

（2）权限指引表

层级	部门岗位	《自主采购申请单》（平台公司）	《自主采购申请单》（子公司）	《自主采购申请单》（分公司）
平台公司	董事长	审批	审批	审批
	总经理	审批	审批	审批
	物资管理部分管领导	审批	审批	审批
	物资管理部经理	审批	审批	审批
	物资管理部专责	填写	—	—
子公司	总经理	—	审批	审批
	物资管理部分管领导	—	审批	审批
	物资管理部经理	—	审批	审批
	物资管理部专责	—	填写	—

续表

层级	部门岗位	《自主采购申请单》（平台公司）	《自主采购申请单》（子公司）	《自主采购申请单》（分公司）
分公司	经理	—	—	审批
	物资配送中心经理	—	—	审批
	物资配送中心专责	—	—	填写
审批方式		书面审批	书面审批	书面审批

4. 电商采购管理

（1）流程说明

流程目标	规范执行电商采购流程，确保合法合规，保障公司正常运转
适用范围	电力施工企业平台及子、分公司
相关制度	参照《国家电网有限公司省管产业单位物资采购监督管理办法》

（2）权限指引表

层级	部门岗位	《二次询价单》（平台公司）	《二次询价单》（子公司）	《二次询价单》（分公司）
平台公司	总经理	审批	—	—
	物资管理部分管领导	审批	—	—
	物资管理部经理	审批	—	—
	物资管理部专责	编制	—	—
子公司	总经理	—	审批	审批
	物资管理部分管领导	—	审批	—
	物资管理部经理	—	审批	审批
	物资管理部专责	—	编制	—
分公司	经理	—	—	审批
	物资配送中心经理	—	—	审批
	物资配送中心专责	—	—	编制
审批方式		系统审批	系统审批	系统审批

层级	部门岗位	《询价排名单》（平台公司）	《询价排名单》（子公司）	《询价排名单》（分公司）
平台公司	总经理	审批	—	—
	物资管理部分管领导	审批	—	—
	物资管理部经理	审批	—	—
	物资管理部专责	编制	—	—
子公司	总经理	—	审批	审批
	物资管理部分管领导	—	审批	—
	物资管理部经理	—	审批	审批
	物资管理部专责	—	编制	—
分公司	经理	—	—	审批
	物资配送中心经理	—	—	审批
	物资配送中心专责	—	—	编制
审批方式		系统审批	系统审批	系统审批

层级	部门岗位	《请购单》（平台公司）	《请购单》（子公司）	《请购单》（分公司）
平台公司	总经理	审批	—	—
	物资管理部分管领导	审批	—	—
	物资管理部经理	审批	—	—
	物资管理部专责	编制	—	—
子公司	总经理	—	审批	审批
	物资管理部分管领导	—	审批	—
	物资管理部经理	—	审批	审批
	物资管理部专责	—	编制	—
分公司	经理	—	—	审批
	物资配送中心经理	—	—	审批
	物资配送中心专责	—	—	编制
审批方式		系统审批	系统审批	系统审批

5. 物资入库管理

（1）流程说明

流程目标	规范物资入库流程，加强库存物资入库管理，降低到库物资损失风险
适用范围	电力施工企业平台及子、分公司
相关制度	参照《国家电网有限公司省管产业单位存货管理办法》（国家电网企管〔2022〕116号）

（2）权限指引表

层级	部门岗位	《到货验收单》（平台公司）	《到货验收单》（子公司）	《到货验收单》（分公司）
平台公司	物资管理部专责	签字确认	—	—
	物资管理部仓库管理员	签字确认	—	—
	使用人	签字确认	—	—
子公司	物资管理部专责	—	签字确认	—
	物资管理部仓库管理员	—	签字确认	—
	使用人	—	签字确认	—
分公司	物资配送中心专责	—	—	签字确认
	物资配送中心仓库管理员	—	—	签字确认
	使用人	—	—	签字确认
审批方式		书面审批	书面审批	书面审批

层级	部门岗位	《入库单》（平台公司）	《入库单》（子公司）	《入库单》（分公司）
平台公司	物资管理部专责	签字确认	—	—
	物资管理部仓库管理员	签字确认	—	—
子公司	物资管理部专责	—	签字确认	—
	物资管理部仓库管理员	—	签字确认	—
分公司	物资配送中心专责	—	—	签字确认
	物资配送中心仓库管理员	—	—	签字确认
审批方式		书面审批	书面审批	书面审批

层级	部门岗位	《物资台账》（平台公司）	《物资台账》（子公司）	《物资台账》（分公司）
平台公司	物资管理部仓库管理员	登记	—	—
子公司	物资管理部仓库管理员	—	登记	—
分公司	物资配送中心仓库管理员	—	—	登记
审批方式		书面审批	书面审批	书面审批

6. 物资出库管理

（1）流程说明

流程目标	规范物资出库流程，加强库存物资出库管理，降低物资毁损、灭失的风险
适用范围	电力施工企业平台及子、分公司
相关制度	参照《国家电网有限公司省管产业单位存货管理办法》

（2）权限指引表

层级	部门岗位	《出库单》（平台公司）	《出库单》（子公司）	《出库单》（分公司）
平台公司	物资管理部仓库管理员	签字确认	—	—
	领料人	签字确认	—	—
子公司	物资管理部仓库管理员	—	签字确认	—
	领料人	—	签字确认	—
分公司	物资配送中心仓库管理员	—	—	签字确认
	领料人	—	—	签字确认
审批方式		书面审批	书面审批	书面审批

层级	部门岗位	《领料单》（平台公司）	《领料单》（子公司）	《领料单》（分公司）
平台公司	总经理	审批	—	—
	归口管理部门分管领导	审批	—	—
	归口管理部门经理	审批	—	—

续表

层级	部门岗位	《领料单》（平台公司）	《领料单》（子公司）	《领料单》（分公司）
平台公司	需求部门经理	审批	—	—
	归口管理部门专责	审核	—	—
	需求部门专责	编制	—	—
子公司	总经理	—	审批	—
	归口管理部门分管领导	—	审批	—
	归口管理部门经理	—	审批	—
	项目部经理/需求部门经理	—	审批	—
	归口管理部门专责	—	审核	—
	项目部项目经理/需求部门专责	—	编制	—
分公司	经理	—	—	审批
	归口管理部门经理	—	—	审批
	需求部门经理	—	—	审批
	归口管理部门专责	—	—	审核
	项目部项目经理/需求部门专责	—	—	编制
审批方式		书面审批	书面审批	书面审批

7. 物资保管及保养管理

（1）施工工器具借用

1）流程说明

流程目标	规范施工工器具借用流程，加强施工工器具日常管理，降低施工工器具毁损、灭失风险
适用范围	电力施工企业子、分公司
相关制度	参照《国家电网有限公司省管产业单位存货管理办法》

2）权限指引表

层级	部门岗位	《施工工器具借用申请表》（子公司）	《施工工器具借用申请表》（分公司）
子公司	总经理	审批	—
	物资管理部分管领导	审批	—

续表

层级	部门岗位	《施工工器具借用申请表》（子公司）	《施工工器具借用申请表》（分公司）
子公司	物资管理部经理	审批	—
	项目部经理	审批	—
	物资管理部专责	审核	—
	项目部项目经理	编制	—
分公司	经理	—	审批
	物资配送中心经理	—	审批
	物资配送中心专责	—	审核
	项目部项目经理	—	编制
审批方式		书面审批	书面审批

（2）物资日常巡检及维修保养

1）流程说明

流程目标	规范物资日常巡检及维修保养流程，加强库存物资的日常管理，保证库存物资质量，保障企业生产经营正常进行
适用范围	电力施工企业平台及子、分公司
相关制度	参照《国家电网有限公司省管产业单位存货管理办法》

2）权限指引表

层级	部门岗位	《物资维修保养审批表》（平台公司）	《物资维修保养审批表》（子公司）	《物资维修保养审批表》（分公司）
平台公司	总经理	审批	—	—
	物资管理部分管领导	审批	—	—
	物资管理部经理	审批	—	—
	物资管理部仓库管理员	编制	—	—
子公司	总经理	—	审批	—
	物资管理部分管领导	—	审批	—
	物资管理部经理	—	审批	—
	物资管理部仓库管理员	—	编制	—

续表

层级	部门岗位	《物资维修保养审批表》（平台公司）	《物资维修保养审批表》（子公司）	《物资维修保养审批表》（分公司）
分公司	经理	—	—	审批
	物资配送中心经理	—	—	审批
	物资配送中心仓库管理员	—	—	编制
审批方式		书面审批	书面审批	书面审批

（3）库存物资盘点

1）流程说明

流程目标	规范库存物资盘点流程，加强库存物资日常管理，保证库存物资数量，保障企业生产经营正常进行
适用范围	电力施工企业平台及子、分公司
相关制度	参照《国家电网有限公司省管产业单位存货管理办法》

2）权限指引表

层级	部门岗位	《库存物资盘点表》（平台公司）	《库存物资盘点表》（子公司）	《库存物资盘点表》（分公司）
平台公司	物资管理部仓库管理员	编制	—	—
子公司	物资管理部仓库管理员	—	编制	—
分公司	物资配送中心仓库管理员	—	—	编制
审批方式		书面审批	书面审批	书面审批

层级	部门岗位	《库存物资盘点报告》（平台公司）	《库存物资盘点报告》（子公司）	《库存物资盘点报告》（分公司）
平台公司	董事会	批准	批准	批准
	董事长	审批	审批	审批
	总经理办公会	批准	批准	批准
	总经理	审批	审批	审批

续表

层级	部门岗位	《库存物资盘点报告》（平台公司）	《库存物资盘点报告》（子公司）	《库存物资盘点报告》（分公司）
平台公司	物资管理部分管领导	审批	审批	审批
	物资管理部经理	审批	审批	审批
	物资管理部仓库管理员	编制	—	—
子公司	总经理办公会	—	批准	批准
	总经理	—	审批	审批
	物资管理部分管领导	—	审批	审批
	物资管理部经理	—	审批	审批
	物资管理部仓库管理员	—	编制	—
分公司	经理办公会	—	—	批准
	经理	—	—	审批
	物资配送中心经理	—	—	审批
	物资配送中心仓库管理员	—	—	编制
审批方式		书面审批	书面审批	书面审批

（4）库存物资抽检

1）流程说明

流程目标	规范库存物资抽检流程，加强库存物资日常管理，保证库存物资质量，保障企业生产经营正常进行
适用范围	电力施工企业平台及子、分公司
相关制度	参照《国家电网有限公司省管产业单位存货管理办法》

2）权限指引表

层级	部门岗位	《库存物资送检记录表》（平台公司）	《库存物资送检记录表》（子公司）	《库存物资送检记录表》（分公司）
平台公司	物资管理部仓库管理员	编制	—	—
子公司	物资管理部仓库管理员	—	编制	—
分公司	物资配送中心仓库管理员	—	—	编制
审批方式		书面审批	书面审批	书面审批

层级	部门岗位	《库存物资抽检审批表》（平台公司）	《库存物资抽检审批表》（子公司）	《库存物资抽检审批表》（分公司）
平台公司	总经理	审批	—	—
	物资管理部分管领导	审批	—	—
	物资管理部经理	审批	—	—
	物资管理部仓库管理员	编制	—	—
子公司	总经理	—	审批	—
	物资管理部分管领导	—	审批	—
	物资管理部经理	—	审批	—
	物资管理部仓库管理员	—	编制	—
分公司	经理	—	—	审批
	物资配送中心经理	—	—	审批
	物资配送中心仓库管理员	—	—	编制
审批方式		书面审批	书面审批	书面审批

层级	部门岗位	《库存物资检测报告》（平台公司）	《库存物资检测报告》（子公司）	《库存物资检测报告》（分公司）
平台公司	总经理	审阅	—	—
	物资管理部分管领导	审阅	—	—
	物资管理部经理	审阅	—	—
	物资管理部仓库管理员	接收	—	—
子公司	总经理	—	审阅	—
	物资管理部分管领导	—	审阅	—
	物资管理部经理	—	审阅	—
	物资管理部仓库管理员	—	接收	—
分公司	经理	—	—	审阅
	物资配送中心经理	—	—	审阅
	物资配送中心仓库管理员	—	—	接收
审批方式		书面审批	书面审批	书面审批

8. 物资退库管理

（1）流程说明

流程目标	规范物资退库流程，加强工程剩余物资管理，降低工程剩余物资毁损、灭失风险
适用范围	电力施工企业子、分公司
相关制度	参照《国家电网有限公司省管产业单位存货管理办法》

（2）权限指引表

层级	部门岗位	《物资退库明细表》（子公司）	《物资退库明细表》（分公司）
子公司	总经理	审批	—
	物资管理部分管领导	审批	—
	物资管理部经理	审批	—
	项目部经理	审批	—
	物资管理部专责	审核	—
	项目部专责	编制	—
分公司	经理	—	审批
	安全工程部经理	—	审批
	安全工程部专责	—	审核
	项目部项目经理	—	编制
审批方式		书面审批	书面审批

9. 仓库巡检及维修管理

（1）流程说明

流程目标	规范仓库巡检及维修流程，加强仓库设施日常管理，保障企业生产经营正常进行
适用范围	电力施工企业平台及子、分公司
相关制度	—

（2）权限指引表

层级	部门岗位	《仓库维修审批表》（平台公司）	《仓库维修审批表》（子公司）	《仓库维修审批表》（分公司）
平台公司	总经理	审批	—	—
	物资管理部分管领导	审批	—	—
	物资管理部经理	审批	—	—
	物资管理部仓库管理员	编制	—	—
子公司	总经理	—	审批	—
	物资管理部分管领导	—	审批	—
	物资管理部经理	—	审批	—
	物资管理部仓库管理员	—	编制	—
分公司	经理	—	—	审批
	物资配送中心经理	—	—	审批
	物资配送中心仓库管理员	—	—	编制
审批方式		书面审批	书面审批	书面审批

10. 废旧物资报废处置管理

（1）废旧物资入库

1）流程说明

流程目标	规范废旧物资入库流程，避免违规、舞弊事件发生，保障公司经济利益
适用范围	电力施工企业子、分公司
相关制度	参照《国家电网有限公司废旧物资管理办法》（国家电网企管〔2018〕914号）

2）权限指引表

层级	部门岗位	《废旧物资明细表》（子公司）	《废旧物资明细表》（分公司）
子公司	总经理	审批	—
	物资管理部分管领导	审批	—
	物资管理部经理	审批	—

续表

层级	部门岗位	《废旧物资明细表》（子公司）	《废旧物资明细表》（分公司）
子公司	项目部经理	审批	—
子公司	物资管理部专责	审核	—
子公司	项目部项目经理	编制	—
分公司	经理	—	审批
分公司	物资配送中心经理	—	审批
分公司	物资配送中心专责	—	审核
分公司	项目部项目经理	—	编制
审批方式		书面审批	书面审批

（2）废旧物资处置计划审批

1）流程说明

流程目标	规范废旧物资处置流程，避免违规、舞弊事件发生，保障公司经济利益
适用范围	电力施工企业平台及子、分公司
相关制度	参照《国家电网有限公司废旧物资管理办法》

2）权限指引表

层级	部门岗位	《废旧物资处置审批表》（子公司）	《废旧物资处置审批表》（分公司）
平台公司	董事会	批准	批准
平台公司	董事长	审批	审批
平台公司	总经理办公会	批准	批准
平台公司	总经理	审批	审批
平台公司	物资管理部分管领导	审批	审批
平台公司	物资管理部经理	审批	审批
子公司	总经理办公会	批准	批准
子公司	总经理	审批	审批
子公司	物资管理部分管领导	审批	审批

续表

层级	部门岗位	《废旧物资处置审批表》 （子公司）	《废旧物资处置审批表》 （分公司）
子公司	物资管理部经理	审批	审批
	物资管理部专责	编制	—
分公司	经理办公会	—	批准
	经理	—	审批
	物资配送中心经理	—	审批
	物资配送中心专责	—	编制
审批方式		书面审批	书面审批

（3）废旧物资价值评估

1）流程说明

流程目标	规范废旧物资评估流程，避免违规、舞弊事件发生，保障公司经济利益
适用范围	电力施工企业子、分公司
相关制度	参照《国家电网有限公司废旧物资管理办法》

2）权限指引表

层级	部门岗位	《废旧物资评估申请表》 （子公司）	《废旧物资评估申请表》 （分公司）
子公司	总经理	审批	—
	物资管理部分管领导	审批	—
	物资管理部经理	审批	—
	物资管理部专责	编制	—
分公司	经理	—	审批
	物资配送中心经理	—	审批
	物资配送中心专责	—	编制
审批方式		书面审批	书面审批

（4）废旧物资处置及出库

1）流程说明

流程目标	规范废旧物资处置、出库流程，避免违规、舞弊事件发生，保障公司经济利益
适用范围	电力施工企业子、分公司
相关制度	参照《国家电网有限公司废旧物资管理办法》

2）权限指引表

层级	部门岗位	《拍卖成交结果确认书》（子公司）	《拍卖成交结果确认书》（分公司）
子公司	总经理	审批	—
	物资管理部分管领导	审批	—
	物资管理部经理	审批	—
	物资管理部专责	接收	—
分公司	经理	—	审批
	物资配送中心经理	—	审批
	物资配送中心专责	—	接收
审批方式		书面审批	书面审批

11. 供应商评价管理

（1）流程说明

流程目标	建立供应商评价机制，为优质供应商进入、劣质供应商退出提供依据，提高供应商队伍整体素质，保证物资服务供应质量和效率
适用范围	电力施工企业平台及子、分公司
相关制度	参照《国家电网有限公司省管产业单位物资采购监督管理办法》

（2）权限指引表

层级	部门岗位	《供应商评价通知》	《供应商评价报告》
平台公司	董事长	—	审批
	总经理	—	审批
	物资管理部分管领导	—	审批
	物资管理部经理	审批	审批
	物资管理部专责	编制	编制
审批方式		书面审批	书面审批

层级	部门岗位	《供应商打分表》（平台公司）	《供应商打分表》（子公司）	《供应商打分表》（分公司）
平台公司	职能部门经理	审批	—	—
	物资管理部专责	汇总	—	—
	职能部门专责	填写	—	—
子公司	项目部经理/职能部门经理	—	审批	—
	物资管理部专责	—	汇总	—
	项目部项目经理/职能部门专责	—	填写	—
分公司	职能部门经理	—	—	审批
	物资配送中心专责	—	—	汇总
	项目部项目经理/职能部门专责	—	—	填写
审批方式		书面审批	书面审批	书面审批

（六）工程项目管理

1. 业务承揽管理

（1）投标

1）流程说明

流程目标	规范投标程序，明确参与部门及人员职责，提高公司中标率
适用范围	电力施工企业平台及子、分公司
相关制度	参照《国网山东省电力公司关于加强省管产业市场营销工作的通知》（鲁电产业〔2021〕123 号）

2）权限指引表

层级	部门岗位	《拟投标项目清单》《施工招标文件审查表》（子公司）	《拟投标项目清单》《施工招标文件审查表》（分公司）
平台公司	董事长	审批	—
	总经理	审批	—
	市场营销部分管领导	审批	—
	市场营销部经理	审批	—
	市场营销部专责	审核	—
子公司	总经理	审批	审批
	市场营销部分管领导	审批	审批
	市场营销部经理	审批	审批
	市场营销部专责	编制	审核
分公司	经理	—	审批
	安全工程部经理	—	审批
	安全工程部专责	—	编制
审批方式		书面审批	书面审批

层级	部门岗位	《拟投标项目标书》（子公司）	《拟投标项目标书》（分公司）
子公司	总经理	审批	—
	市场营销部分管领导	审批	—
	市场营销部经理	审批	—
	市场营销部专责	编制	—
分公司	经理	—	审批
	安全工程部经理	—	审批
	安全工程部专责	—	编制
审批方式		书面审批	书面审批

（2）项目立项备案

1）流程说明

流程目标	规范项目立项备案程序，保证公司工程项目纳入信息化系统管理，提高公司运营效率和质量
适用范围	电力施工企业平台及子、分公司
相关制度	参照《国网山东省电力公司省管产业单位工程项目核算项目监督管理办法》

2）权限指引表

层级	部门岗位	工程立项信息（子公司）	工程立项信息（分公司）
平台公司	总经理	审批	—
	市场营销部分管领导	审批	—
	市场营销部经理	审批	—
	市场营销部专责	审核	—
子公司	总经理	审批	审批
	市场营销部分管领导	审批	审批
	市场营销部经理	审批	审批
	市场营销部专责	编制	审核

续表

层级	部门岗位	工程立项信息（子公司）	工程立项信息（分公司）
分公司	经理	—	审批
	安全工程部经理	—	审批
	安全工程部专责	—	编制
审批方式		系统审批	系统审批

（3）工程成本预算编制与审批

1）流程说明

流程目标	加强工程成本预算管理，建立科学高效、规范有序的工程成本预算编制与审批程序，提高工程成本预算的准确性，降低工程预算编制不合理导致的经营风险
适用范围	电力施工企业平台及子、分公司
相关制度	参照《国网山东省电力公司省管产业单位工程项目核算项目监督管理办法》

2）权限指引表

层级	部门岗位	《工程预算表》（子公司）	《工程预算表》（分公司）
平台公司	市场营销部分管领导	审批	审批
	财务资产部分管领导	审批	审批
	财务资产部经理	审批	审批
	市场营销部经理	审批	审批
	财务资产部专责	审核	审核
	市场营销部专责	审核	审核
子公司	总经理	审批	审批
	市场营销部分管领导	审批	审批
	市场营销部经理	审批	审批
	市场营销部专责	编制	审核

续表

层级	部门岗位	《工程预算表》（子公司）	《工程预算表》（分公司）
分公司	经理	—	审批
	经营财务部经理	—	审批
	安全工程部经理	—	审批
	经营财务部专责		审核
	安全工程部专责	—	编制
审批方式		书面审批	书面审批

（4）分包计划编制与审批

1）流程说明

流程目标	加强分包计划管理，规范分包计划审批流程，保证工程分包档案完整、合规
适用范围	电力施工企业平台及子、分公司
相关制度	《国家电网有限公司省管产业单位施工类企业工程分包监督管理办法》

2）权限指引表

层级	公司领导/部门	《分包计划审批表》（子公司）	《分包计划审批表》（分公司）
平台公司	总经理	审批	审批
	市场营销部分管领导	审批	审批
	市场营销部经理	审批	审批
子公司	市场营销部分管领导	审批	审批
	市场营销部经理	审批	审批
	市场营销部专责	编制	—
分公司	经理	—	审批
	安全工程部经理	—	审批
	安全工程部专责	—	编制
审批方式		书面审批	书面审批

2. 工程开工管理

（1）流程说明

流程目标	规范工程开工审批程序，保证工程开工时已具备开工条件、达到开工状态，降低工程项目违规风险
适用范围	电力施工企业子、分公司
相关制度	参照《国家电网有限公司 10（20）千伏及以下配电网工程施工项目部标准化管理手册》（设备配电〔2019〕20 号）、《国家电网布限公司施工项目部标准化管理手册（变电工程分册）》和《国家电网布限公司施工项目部标准化管理手册（线路工程分册）》

（2）权限指引表

层级	部门岗位	《开工审批单》（子公司）	《开工审批单》（分公司）
子公司	工程技术部分管领导	审批	—
	工程技术部经理	审批	—
	项目部经理	审批	—
	项目部项目经理	编制	—
分公司	经理	—	审批
	安全工程部经理	—	审批
	项目部项目经理	—	编制
审批方式		书面审批	书面审批

3. 进度管理

（1）工程进度分析纠偏

1）流程说明

流程目标	规范工程进度分析纠偏程序，加大对工程进度的控制力度，防范工程延期风险
适用范围	电力施工企业子、分公司
相关制度	参照《国家电网有限公司 10（20）千伏及以下配电网工程施工项目部标准化管理手册》《国家电网布限公司施工项目部标准化管理手册（变电工程分册）》《国家电网布限公司施工项目部标准化管理手册（线路工程分册）》

2）权限指引表

层级	部门岗位	《本周工程施工进度分析报告》（子公司）	《本周工程施工进度分析报告》（分公司）
子公司	总经理	审批	—
	工程技术部分管领导	审批	—
	工程技术部经理	审批	—
	工程技术部专责	编制	—
分公司	经理	—	审批
	安全工程部经理	—	审批
	安全工程部专责	—	编制
审批方式		书面审批	书面审批

（2）进度款确认

1）流程说明

流程目标	规范进度款确认程序，提高工程款项支付的准确性，减少公司资金占用
适用范围	电力施工企业子、分公司
相关制度	参照《国家电网有限公司10（20）千伏及以下配电网工程施工项目部标准化管理手册》《国家电网布限公司施工项目部标准化管理手册（变电工程分册）》《国家电网布限公司施工项目部标准化管理手册（线路工程分册）》《国网山东省电力公司省管产业单位工程项目核算项目监督管理办法》（鲁电集管〔2020〕332号）

2）权限指引表

层级	部门岗位	《工程进度款付款报审表》（子公司）	《工程进度款付款报审表》（分公司）
子公司	总经理	审批	—
	市场营销部分管领导	审批	—
	市场营销部经理	审批	—
	安全监察部经理	审批	—
	项目部经理	审批	—

续表

层级	部门岗位	《工程进度款付款报审表》（子公司）	《工程进度款付款报审表》（分公司）
子公司	市场营销部专责	审核	—
	安全监察部专责	审核	—
	项目部项目经理	审核	—
分公司	经理	—	审批
	安全工程部经理	—	审批
	安全工程部专责	—	审核
审批方式		书面审批	书面审批

4. 变更管理

（1）现场签证

1）流程说明

流程目标	规范现场签证程序，保证预算外施工费用的合理性，提高工程结算的准确性
适用范围	电力施工企业子、分公司
相关制度	参照《国家电网有限公司 10（20）千伏及以下配电网工程施工项目部标准化管理手册》《国家电网布限公司施工项目部标准化管理手册（变电工程分册）》《国家电网布限公司施工项目部标准化管理手册（线路工程分册）》《国网山东省电力公司省管产业单位工程项目核算项目监督管理办法》

2）权限指引表

层级	部门岗位	《现场签证审批表》（子公司）	《现场签证审批表》（分公司）
子公司	总经理	审批	—
	工程技术部分管领导	审批	—
	工程技术部经理	审批	—
	项目部书记	审批	—
	项目部经理	审批	—
	工程技术部专责	审核	—
	项目部项目经理	审核	—

层级	部门岗位	《现场签证审批表》（子公司）	《现场签证审批表》（分公司）
分公司	经理	—	审批
	安全工程部经理	—	审批
	安全工程部专责	—	审核
	项目部项目经理	—	审核
审批方式		书面审批	书面审批

（2）设计变更

1）流程说明

流程目标	规范设计变更程序，降低设计变更不当风险
适用范围	电力施工企业子、分公司
相关制度	参照《国家电网有限公司 10（20）千伏及以下配电网工程施工项目部标准化管理手册》《国家电网布限公司施工项目部标准化管理手册（变电工程分册)》《国家电网布限公司施工项目部标准化管理手册（线路工程分册)》《国网山东省电力公司省管产业单位工程项目核算项目监督管理办法》

2）权限指引表

层级	部门岗位	《设计变更联系单》《设计变更申请单》（子公司）	《设计变更联系单》《设计变更申请单》（分公司）
子公司	项目部项目经理	审核	—
分公司	项目部项目经理	—	审核
审批方式		书面审批	书面审批

5. 报告管理

（1）流程说明

流程目标	加强工程项目建设过程监督，提高工程项目质量，保证工程建设进度，避免工程安全事故
适用范围	电力施工企业平台及子、分公司
相关制度	参照《国家电网有限公司 10（20）千伏及以下配电网工程施工项目部标准化管理手册》《国家电网布限公司施工项目部标准化管理手册（变电工程分册)》《国家电网布限公司施工项目部标准化管理手册（线路工程分册)》

（2）权限指引表

层级	部门岗位	《工程项目报告编制通知》	《项目部工程项目报告》	《工程项目报告》（子公司）	《工程项目报告》（分公司）
平台公司	总经理	—	—	审批	—
	工程技术部分管领导	—	—	审批	—
	工程技术部经理	审批	—	审批	—
	工程技术部专责	编制	—	—	—
子公司	总经理	—	—	审批	—
	工程技术部分管领导	—	—	审批	—
	工程技术部经理	—	—	审批	—
	项目部经理	—	审批	—	—
	工程技术部专责	—	—	编制	—
	项目部项目经理	—	编制	—	—
分公司	经理	—	—	—	审批
	安全工程部经理	—	—	—	审批
	安全工程部专责	—	—	—	编制
	项目部项目经理	—	编制	—	—
审批方式		书面审批	书面审批	书面审批	书面审批

6. 月度/专项协调会管理

（1）流程说明

流程目标	月度/专项协调解决工程项目建设问题，保证工程项目建设正常进行，避免因工程项目建设受阻导致公司利益受损
适用范围	电力施工企业子、分公司
相关制度	参照《国家电网有限公司 10（20）千伏及以下配电网工程施工项目部标准化管理手册》《国家电网布限公司施工项目部标准化管理手册（变电工程分册）》《国家电网布限公司施工项目部标准化管理手册（线路工程分册）》

（2）权限指引表

层级	部门岗位	《项目部本月/专项工程项目问题汇报》（子公司）	《项目部本月/专项工程项目问题汇报》（分公司）
子公司	项目部经理	审批	—
	项目部项目经理	编制	—
分公司	安全工程部专责	—	审核
	项目部项目经理	—	编制
审批方式		书面审批	书面审批

层级	部门岗位	《本月/专项工程项目问题汇报》（子公司）	《本月/专项工程项目问题汇报》（分公司）
子公司	工程技术部经理	审批	—
	工程技术部专责	汇总	—
分公司	安全工程部经理	—	审批
	安全工程部专责	—	汇总
审批方式		书面审批	书面审批

7. 突发事件应急管理

（1）流程说明

流程目标	规范突发事件上报流程，确保突发事件及时妥善处理，防止事态恶化造成进一步损失
适用范围	电力施工企业平台及子、分公司
相关制度	参照《国家电网有限公司应急工作管理规定》（国家电网企管〔2019〕720号）

（2）权限指引表

层级	部门岗位	《突发事件快报》（平台公司）	《突发事件快报》（子公司）	《突发事件快报》（分公司）
平台公司	董事长	审批上报	审批上报	审批上报
	总经理	审核上报	审核上报	审核上报
	工程技术部分管领导	审核上报	审核上报	审核上报

层级	部门岗位	《突发事件快报》（平台公司）	《突发事件快报》（子公司）	《突发事件快报》（分公司）
平台公司	工程技术部经理	审核上报	审核上报	审核上报
	工程技术部专责	审核上报	审核上报	审核上报
子公司	总经理	—	审核上报	审核上报
	市场营销部分管领导	—	审核上报	审核上报
	市场营销部经理	—	审核上报	审核上报
	市场营销部专责	—	审核上报	审核上报
	项目部经理	—	审核上报	审核上报
	项目部项目经理	—	编制上报	审核上报
分公司	经理	—	—	审核上报
	安全工程部经理	—	—	审核上报
	安全工程部专责	—	—	审核上报
	项目部项目经理	—	—	编制
审批方式		书面审批	书面审批	书面审批

8. 工程验收管理

（1）流程说明

流程目标	加强工程项目验收管理，保证工程项目安全投产，保障公司合法权益，避免不必要的纠纷和诉讼
适用范围	电力施工企业子、分公司
相关制度	参照《国家电网有限公司10（20）千伏及以下配电网工程施工项目部标准化管理手册》《国家电网布限公司施工项目部标准化管理手册（变电工程分册）》《国家电网布限公司施工项目部标准化管理手册（线路工程分册）》

（2）权限指引表

层级	部门岗位	《工程项目验收申请表》（子公司）	《工程项目验收申请表》（分公司）
子公司	总经理	审批	—
	工程技术部分管领导	审批	—
	工程技术部经理	审批	

续表

层级	部门岗位	《工程项目验收申请表》（子公司）	《工程项目验收申请表》（分公司）
子公司	项目部经理	审批	—
	工程技术部专责	审核	—
	项目部项目经理	编制	—
分公司	经理	—	审批
	安全工程部经理	—	审批
	安全工程部专责	—	审核
	项目部项目经理	—	编制
审批方式		书面审批	书面审批

9. 工程结算管理

（1）流程说明

流程目标	规范工程结算的编制与审核程序，降低结算工程量与实际不符的风险
适用范围	电力施工企业子、分公司
相关制度	参照《国网山东省电力公司省管产业单位工程项目核算项目监督管理办法》

（2）权限指引表

层级	部门岗位	《工程结算书》（子公司）	《工程结算书》（分公司）
子公司	总经理	审批	审批
	市场营销部分管领导	审批	审批
	市场营销部经理	审批	审批
	市场营销部专责	编制	审批
分公司	经理	—	审批
	安全工程部经理	—	审批
	安全工程部专责	—	编制
审批方式		书面审批	书面审批

10. 档案交接与归档管理

（1）流程说明

流程目标	规范工程资料交接归档流程，明确工程资料管理责任，保证工程项目资料完整可查
适用范围	电力施工企业子、分公司
相关制度	参照《国家电网有限公司 10（20）千伏及以下配电网工程施工项目部标准化管理手册》《国家电网布限公司施工项目部标准化管理手册（变电工程分册）》《国家电网布限公司施工项目部标准化管理手册（线路工程分册）》

（2）权限指引表

层级	部门岗位	《移交资料清单》（子公司）	《移交资料清单》（分公司）
子公司	工程技术部专责	签字确认	—
	项目部资料员	编制	—
分公司	安全工程部专责	—	签字确认
	项目部资料员	—	编制
审批方式		书面审批	书面审批

11. 职业、资格证照管理

（1）职业、资格证照年检

1）流程说明

流程目标	规范职业资格证书年检工作，满足公司资质证书条件，保证生产经营顺利进行，提高公司市场竞争力
适用范围	电力施工企业子、分公司
相关制度	参照《山东电力集团公司集体企业证照管理办法》

2）权限指引表

层级	部门岗位	《职工外出培训审批表》（子公司）	《职工外出培训审批表》（分公司）
子公司	总经理	审批	—
	工程技术部分管领导	审批	—

续表

层级	部门岗位	《职工外出培训审批表》（子公司）	《职工外出培训审批表》（分公司）
子公司	工程技术部经理	审批	—
	工程技术部专责	填写	—
分公司	经理	—	审批
	安全工程部经理	—	审批
	安全工程部专责	—	填写
审批方式		书面审批	书面审批

（2）职业、资格证照借用

1）流程说明

流程目标	规范职业资格证书日常管理工作，对公司职业资格证书进行统一管理，协助各部门、各单位完成相关工作
适用范围	电力施工企业子、分公司
相关制度	参照《山东电力集团公司集体企业证照管理办法》

2）权限指引表

层级	部门岗位	《职业资格证书借用审批登记信息表》（子公司）	《职业资格证书借用审批登记信息表》（分公司）
子公司	总经理	审批	审批
	工程技术部分管领导	审批	审批
	借证人部门分管领导	审批	审批
	工程技术部经理	审批	审批
	借证人部门经理	审批	审批
	借证人	填写	—
分公司	经理	—	审批
	安全工程部经理	—	审批
	借证人部门经理	—	审批
	借证人	—	填写
审批方式		书面审批	书面审批

（七）行政管理

1. 公文管理

（1）收文流程

1）流程说明

流程目标	规范收文程序，保证公司收文工作的全面性和及时性
适用范围	电力施工企业平台及子、分公司
相关制度	参照《国家电网公司公文管理办法》（国家电网企管〔2014〕1211号）

2）权限指引表

层级	部门岗位	《综合管理部文件管理情况表》（平台公司）	《综合管理部文件管理情况表》（子公司）	《综合事务部文件管理情况表》（分公司）
平台公司	董事长	审批	—	—
	总经理	审批	—	—
	综合管理部分管领导	审批	—	—
	综合管理部经理	审批	—	—
	综合管理部专责	收文并登记	—	—
子公司	总经理	—	审批	—
	综合管理部分管领导	—	审批	—
	综合管理部经理	—	审批	—
	综合管理部专责	—	收文并登记	—
分公司	经理	—	—	审批
	综合事务部经理	—	—	审批
	综合事务部专责	—	—	收文并登记
审批方式		书面审批	书面审批	书面审批

（2）发文流程

1）流程说明

流程目标	规范发文程序，提高公司发文制度化和标准化水平
适用范围	电力施工企业平台及子、分公司
相关制度	参照《国家电网公司公文管理办法》

2）权限指引表

层级	部门岗位	《发文申请书》（平台公司）	《发文申请书》（子公司）	《发文申请书》（分公司）
平台公司	董事长	签发	—	—
	总经理	签发	—	—
	发文部门经理分管领导	核稿	—	—
	综合管理部经理	核稿	—	—
	发文部门经理	核稿	—	—
	发文部门校稿专责	校稿	—	—
	发文部门拟稿专责	拟稿	—	—
子公司	总经理	—	签发	—
	发文部门经理分管领导	—	核稿	—
	综合管理部经理	—	核稿	—
	发文部门经理	—	核稿	—
	发文部门校稿专责	—	校稿	—
	发文部门拟稿专责	—	拟稿	—
分公司	经理	—	—	签发
	综合事务部经理	—	—	核稿
	发文部门经理	—	—	核稿
	发文部门校稿专责	—	—	校稿
	发文部门拟稿专责	—	—	拟稿
审批方式		书面审批	书面审批	书面审批

2. 印章管理

（1）印章启用

1）流程说明

流程目标	规范印章启用程序，维护印章启用的严肃性，降低印章误用风险，保障公司权益
适用范围	电力施工企业平台及子、分公司
相关制度	参照《国家电网公司印章使用管理规定》（国家电网办〔2017〕360号）

2）权限指引表

层级	部门岗位	《印章刻制申请表》（平台公司）	《印章刻制申请表》（子公司）	《印章刻制申请表》（分公司）
平台公司	总经理	审批	—	—
	综合管理部分管领导	审批	—	—
	综合管理部经理	审批	—	—
	职能部门经理	审批	—	—
	综合管理部专责	审核	—	—
	职能部门专责	编制	—	—
子公司	总经理	—	审批	—
	综合管理部分管领导	—	审批	—
	综合管理部经理	—	审批	—
	职能部门经理	—	审批	—
	综合管理部专责	—	审核	—
	职能部门专责	—	编制	—
分公司	经理	—	—	审批
	印章归口管理部门经理	—	—	审批
	职能部门经理	—	—	审批
	印章归口管理部门专责	—	—	审核
	职能部门专责	—	—	编制
审批方式		书面审批	书面审批	书面审批

（2）印章使用

1）流程说明

流程目标	规范印章使用程序，维护用印严肃性，降低印章误用风险，保障公司权益
适用范围	电力施工企业平台及子、分公司
相关制度	参照《国家电网公司印章使用管理规定》

2）权限指引表

层级	部门岗位	《合同专用章使用审批单》《用印明细表》（平台公司）	《合同专用章使用审批单》《用印明细表》（子公司）	《合同专用章使用审批单》《用印明细表》（分公司）
平台公司	经营审计部分管领导	审批	—	—
	经营审计部经理	审批	—	—
	职能部门经理	审批	—	—
	经营审计部专责	审核	—	—
	职能部门专责	编制	—	—
子公司	经营审计部分管领导	—	审批	—
	经营审计部经理	—	审批	—
	职能部门经理	—	审批	—
	经营审计部专责	—	审核	—
	职能部门专责	—	编制	—
分公司	经理	—	—	审批
	印章归口管理部门经理	—	—	审批
	职能部门经理	—	—	审批
	印章归口管理部门专责	—	—	审核
	职能部门专责	—	—	编制
审批方式		书面审批	书面审批	书面审批

层级	部门岗位	《用印审批单》《借印审批单》（平台公司）	《用印审批单》《借印审批单》（子公司）	《用印审批单》《借印审批单》（分公司）
平台公司	职能部门分管领导	审批	—	—
	综合管理部经理	审批	—	—
	职能部门经理	审批	—	—
	职能部门专责	编制	—	—
子公司	职能部门分管领导	—	审批	—
	综合管理部经理	—	审批	—
	职能部门经理	—	审批	—
	职能部门专责	—	编制	—
分公司	经理	—	—	审批
	印章归口管理部门经理	—	—	审批
	职能部门经理	—	—	审批
	职能部门专责	—	—	编制
审批方式		书面审批	书面审批	书面审批

（3）印章停用

1）流程说明

流程目标	规范印章停用程序，降低印章误用风险，保障公司权益
适用范围	电力施工企业平台及子、分公司
相关制度	参照《国家电网公司印章使用管理规定》

2）权限指引表

层级	部门岗位	《印章停用申请表》（平台公司）	《印章停用申请表》（子公司）	《印章停用申请表》（分公司）
平台公司	总经理	审批	—	—
	综合管理部分管领导	审批	—	—
	综合管理部经理	审批	—	—
	职能部门经理	编制	—	—

续表

层级	部门岗位	《印章停用申请表》（平台公司）	《印章停用申请表》（子公司）	《印章停用申请表》（分公司）
子公司	总经理	—	审批	—
	综合管理部分管领导	—	审批	—
	综合管理部经理	—	审批	—
	职能部门经理	—	编制	—
分公司	经理	—	—	审批
	印章归口管理部门经理	—	—	审批
	职能部门经理	—	—	编制
审批方式		书面审批	书面审批	书面审批

3. 档案管理

（1）档案移交

1）流程说明

流程目标	规范档案移交程序，提升档案移交的规范化、标准化水平
适用范围	电力施工企业平台及子、分公司
相关制度	参照《国家电网公司档案管理办法》[国网（办/2）417—2014]

2）权限指引表

层级	部门岗位	《档案交接文据》（平台公司）	《档案交接文据》（子公司）	《档案交接文据》（分公司）
平台公司	综合管理部经理	审批	—	—
	职能部门经理	审批	—	—
	综合管理部档案专责	审核	—	—
	职能部门兼职档案专责	编制	—	—
子公司	综合管理部经理	—	审批	—
	职能部门经理	—	审批	—
	综合管理部档案专责	—	审核	—
	职能部门兼职档案专责	—	编制	—

续表

层级	部门岗位	《档案交接文据》（平台公司）	《档案交接文据》（子公司）	《档案交接文据》（分公司）
分公司	综合事务部经理	—	—	审批
	职能部门经理	—	—	审批
	综合事务部档案专责	—	—	审核
	职能部门兼职档案专责	—	—	编制
审批方式		书面审批	书面审批	书面审批

（2）档案借阅

1）流程说明

流程目标	规范档案借阅程序，加强档案管理工作，确保公司档案安全
适用范围	电力施工企业平台及子、分公司
相关制度	参照《国家电网公司档案管理办法》

2）权限指引表

层级	部门岗位	《档案借阅申请单》（平台公司）	《档案借阅申请单》（子公司）	《档案借阅申请单》（分公司）
平台公司	综合管理部分管领导	审批	—	—
	综合管理部经理	审批	—	—
	借阅人部门经理	审批	—	—
	综合管理部专责	审核	—	—
	借阅人	编制	—	—
子公司	综合管理部分管领导	—	审批	—
	综合管理部经理	—	审批	—
	借阅人部门经理	—	审批	—
	综合管理部专责	—	审核	—
	借阅人	—	编制	—
分公司	经理	—	—	审批
	综合事务部经理	—	—	审批

续表

层级	部门岗位	《档案借阅申请单》（平台公司）	《档案借阅申请单》（子公司）	《档案借阅申请单》（分公司）
分公司	借阅人部门经理	—	—	审批
	综合事务部专责	—	—	审核
	借阅人	—	—	编制
审批方式		书面审批	书面审批	书面审批

（3）档案销毁

1）流程说明

流程目标	规范档案销毁程序，增加有价值档案的保存期限，销毁无价值档案，充分发挥档案资源的利用价值
适用范围	电力施工企业平台及子、分公司
相关制度	参照《国家电网公司档案管理办法》（国家电网企管〔2014〕1211 号）

2）权限指引表

层级	部门岗位	《档案销毁清册》（平台公司）	《档案销毁清册》（子公司）	《档案销毁清册》（分公司）
平台公司	综合管理部分管领导	审批	—	—
	综合管理部经理	审批	—	—
	销毁和监销人员	监督并销毁	—	—
	综合管理部专责	编制	—	—
子公司	综合管理部分管领导	—	审批	—
	综合管理部经理	—	审批	—
	销毁和监销人员	—	监督并销毁	—
	综合管理部专责	—	编制	—
分公司	经理	—	—	审批
	综合事务部经理	—	—	审批
	销毁和监销人员	—	—	监督并销毁
	综合事务部专责	—	—	审核
审批方式		书面审批	书面审批	书面审批

4. 督察督办管理

（1）流程说明

流程目标	规范督查督办程序，增加督查督办对实际工作的督促作用，提高公司运营效率
适用范围	电力施工企业平台及子、分公司
相关制度	参照《国家电网有限公司督察督办工作管理办法》（国家电网办〔2018〕1210号）

（2）权限指引表

层级	部门岗位	《重要工作完成情况报告》《督办通知单》（平台公司）	《重要工作完成情况报告》《督办通知单》（子公司）	《重要工作完成情况报告》《督办通知单》（分公司）
平台公司	综合管理部经理	审批	—	—
	综合管理部专责	编制	—	—
子公司	综合管理部经理	—	审批	—
	综合管理部专责	—	编制	—
分公司	综合事务部经理	—	—	审批
	综合事务部专责	—	—	编制
审批方式		书面审批	书面审批	书面审批

5. 会议管理

（1）流程说明

流程目标	规范会议召开流程，保证会议组织工作有序进行，实现会议资料妥善留存
适用范围	电力施工企业平台及子、分公司
相关制度	参照《国家电网有限公司会议管理办法》〔国网（办/3）150—2019〕

（2）权限指引表

层级	部门岗位	《会议议题征集通知》（平台公司）	《会议议题征集通知》（子公司）	《会议议题征集通知》（分公司）
平台公司	综合管理部经理	审批	—	—
	综合管理部专责	编制	—	—
子公司	综合管理部经理	—	审批	—
	综合管理部专责	—	编制	—
分公司	综合事务部经理	—	—	审批
	综合事务部专责	—	—	编制
审批方式		书面审批	书面审批	书面审批

层级	部门岗位	《部门会议议题》（平台公司）	《部门会议议题》（子公司）	《部门会议议题》（分公司）
平台公司	职能部门分管领导	审批	—	—
	职能部门经理	审批	—	—
	职能部门专责	编制	—	—
子公司	职能部门分管领导	—	审批	—
	职能部门经理	—	审批	—
	职能部门专责	—	编制	—
分公司	职能部门经理	—	—	审批
	职能部门专责	—	—	编制
审批方式		书面审批	书面审批	书面审批

层级	部门岗位	《会议通知》《会议议程》（平台公司）	《会议通知》《会议议程》（子公司）	《会议通知》《会议议程》（分公司）
平台公司	董事长	审批	—	—
	总经理	审批	—	—
	综合管理部分管领导	审批	—	—

续表

层级	部门岗位	《会议通知》《会议议程》（平台公司）	《会议通知》《会议议程》（子公司）	《会议通知》《会议议程》（分公司）
平台公司	综合管理部经理	审批	—	—
	综合管理部专责	编制	—	—
子公司	总经理	—	审批	—
	综合管理部分管领导	—	审批	—
	综合管理部经理	—	审批	—
	综合管理部专责	—	编制	—
分公司	经理	—	—	审批
	综合事务部经理	—	—	审批
	综合事务部专责	—	—	编制
审批方式		书面审批	书面审批	书面审批

层级	部门岗位	《会议纪要》（平台公司）	《会议纪要》（子公司）	《会议纪要》（分公司）
平台公司	董事长	审批	—	—
	总经理	审批	—	—
	综合管理部分管领导	审批	—	—
	综合管理部经理	审批	—	—
	综合管理部专责	编制	—	—
子公司	总经理	—	审批	—
	综合管理部分管领导	—	审批	—
	综合管理部经理	—	审批	—
	综合管理部专责	—	编制	—
分公司	经理	—	—	审批
	综合事务部经理	—	—	审批
	综合事务部专责	—	—	编制
审批方式		书面审批	书面审批	书面审批

6. 新闻发布管理

（1）流程说明

流程目标	规范稿件的审核与发布程序，落实上级单位宣传工作要求，提升公司宣传工作水平
适用范围	电力施工企业平台及子、分公司
相关制度	参照《国家电网有限公司新闻发布工作管理办法》（国家电网企管〔2018〕913 号）

（2）权限指引表

层级	部门岗位	《新闻发布审批单》（平台公司）	《新闻发布审批单》（子公司）	《新闻发布审批单》（分公司）
平台公司	总经理	审批	—	—
	职能部门分管领导	审批	—	—
	职能部门经理	审批	—	—
	综合管理部专责	审核并上报	—	—
	职能部门校稿专责	校稿	—	—
	职能部门拟稿专责	编制	—	—
子公司	总经理	—	审批	—
	职能部门分管领导	—	审批	—
	职能部门经理	—	审批	—
	综合管理部专责	—	审核并上报	—
	职能部门校稿专责	—	校稿	—
	职能部门拟稿专责	—	编制	—
分公司	经理	—	—	审批
	职能部门经理	—	—	审批
	综合事务部专责	—	—	审核并上报
	职能部门校稿专责	—	—	校稿
	职能部门拟稿专责	—	—	编制
审批方式		书面审批	书面审批	书面审批

7. 车辆管理

（1）公务用车审批

1）流程说明

流程目标	规范公务用车流程，避免车辆违规使用，为其他部门外勤工作提供便利
适用范围	电力施工企业平台及子、分公司
相关制度	参照《国家电网有限公司省管产业单位车辆监督管理办法》

2）权限指引表

层级	部门岗位	《用车申请单》（平台公司）	《用车申请单》（子公司）	《用车申请单》（分公司）
平台公司	综合管理部经理	审批	—	—
	用车人部门经理	审批	—	—
	用车人	填写	—	—
子公司	综合管理部经理	—	审批	—
	用车人部门经理	—	审批	—
	用车人	—	填写	—
分公司	综合事务部经理	—	—	审批
	用车人部门经理	—	—	审批
	用车人	—	—	填写
审批方式		书面审批	书面审批	书面审批

层级	部门岗位	用车申请（平台公司）	用车申请（子公司）	用车申请（分公司）
平台公司	综合管理部分管领导	审批	—	—
	综合管理部经理	审批	—	—
	综合管理部专责	发起	—	—
子公司	综合管理部分管领导	—	审批	—
	综合管理部经理	—	审批	—
	综合管理部专责	—	发起	—

续表

层级	部门岗位	用车申请（平台公司）	用车申请（子公司）	用车申请（分公司）
分公司	经理	—	—	审批
	综合事务部经理	—	—	审批
	综合事务部专责	—	—	发起
审批方式		系统审批	系统审批	系统审批

（2）车辆报废

1）流程说明

流程目标	保证车辆更新、报废流程合法合规，保障公司生产经营车辆配置符合要求
适用范围	电力施工企业平台及子、分公司
相关制度	参照《国家电网有限公司省管产业单位车辆监督管理办法》

2）权限指引表

层级	部门岗位	《车辆更新、报废计划通知》	《车辆更新计划表》（平台公司）	《车辆报废计划表》（平台公司）	《车辆更新、报废情况报告》（平台公司）
平台公司	董事会	—	会审	会审	会审
	董事长	—	审批	审批	审批
	总经理	—	审批	审批	审批
	综合管理部分管领导	—	审批	审批	审批
	综合管理部经理	—	审批	审批	审批
	综合管理部专责	接收并发送	编制	编制	编制
子公司	综合管理部专责	接收并发送	—	—	—
分公司	综合事务部专责	接收并发送	—	—	—
审批方式		书面审批	书面审批	书面审批	书面审批

层级	部门岗位	《车辆更新计划表》（子公司）	《车辆报废计划表》（子公司）	《车辆更新计划表》（分公司）	《车辆报废计划表》（分公司）
子公司	总经理办公会	会审	会审	—	—
	总经理	审批	审批	—	—
	综合管理部分管领导	审批	审批	—	—
	综合管理部经理	审批	审批	—	—
	综合管理部专责	编制	编制	—	—
分公司	经理办公会	—	—	会审	会审
	经理	—	—	审批	审批
	综合事务部经理	—	—	审批	审批
	综合事务部专责	—	—	编制	编制
审批方式		书面审批	书面审批	书面审批	书面审批

（3）车辆维修保养

1）流程说明

流程目标	避免车辆费用超预算发生，保证公司资金安全
适用范围	电力施工企业平台及子、分公司
相关制度	参照《国家电网有限公司省管产业单位车辆监督管理办法》

2）权限指引表

层级	部门岗位	《车辆维修保养审批单》（平台公司）	《车辆维修保养审批单》（子公司）	《车辆维修保养审批单》（分公司）
平台公司	综合管理部分管领导	审批	—	—
	综合管理部经理	审批	—	—
	综合管理部专责	审核	—	—
	综合管理部车队驾驶员	填写	—	—
子公司	综合管理部分管领导	—	审批	—
	综合管理部经理	—	审批	—

续表

层级	部门岗位	《车辆维修保养审批单》（平台公司）	《车辆维修保养审批单》（子公司）	《车辆维修保养审批单》（分公司）
子公司	综合管理部专责	—	审核	—
	综合管理部车队驾驶员	—	填写	—
分公司	经理	—	—	审批
	综合事务部经理	—	—	审批
	综合事务部专责	—	—	审核
	综合事务部车队驾驶员	—	—	填写
审批方式		书面审批	书面审批	书面审批

（4）单车费用核算

1）流程说明

流程目标	规范和加强车辆管理，提高车辆管理的集约化、标准化和规范化水平，有效防范廉政风险
适用范围	电力施工企业平台及子、分公司
相关制度	参照《国家电网有限公司省管产业单位车辆监督管理办法》

2）权限指引表

层级	部门岗位	《单车费用核算明细表》（平台公司）	《单车费用核算明细表》（子公司）	《单车费用核算明细表》（分公司）
平台公司	总经理	审批	—	—
	综合管理部分管领导	审批	—	—
	综合管理部经理	审批	—	—
	综合管理部专责	编制	—	—
子公司	总经理	—	审批	—
	综合管理部分管领导	—	审批	—
	综合管理部经理	—	审批	—
	综合管理部专责	—	编制	—

层级	部门岗位	《单车费用核算明细表》（平台公司）	《单车费用核算明细表》（子公司）	《单车费用核算明细表》（分公司）
分公司	经理	—	—	审批
	综合事务部经理	—	—	审批
	综合事务部专责	—	—	编制
审批方式		书面审批	书面审批	书面审批

8. 办公用品管理

（1）办公用品购置

1）流程说明

流程目标	规范办公用品申请购置程序，保障各部门办公用品充足供应
适用范围	电力施工企业平台及子、分公司
相关制度	—

2）权限指引表

层级	部门岗位	《请购单》（平台公司）	《请购单》（子公司）	《请购单》（分公司）
平台公司	综合管理部分管领导	审批	—	—
	综合管理部经理	审批	—	—
	综合管理部专责	发起	—	—
子公司	综合管理部分管领导	—	审批	—
	综合管理部经理	—	审批	—
	综合管理部专责	—	发起	—
分公司	经理	—	—	审批
	综合事务部经理	—	—	审批
	综合事务部专责	—	—	发起
审批方式		系统审批	系统审批	系统审批

（2）办公用品领用

1）流程说明

流程目标	规范办公用品领用程序，合理控制办公用品开支，杜绝资源浪费
适用范围	电力施工企业平台及子、分公司
相关制度	—

2）权限指引表

层级	部门岗位	《办公用品领用申请表》（平台公司）	《办公用品领用申请表》（子公司）	《办公用品领用申请表》（分公司）
平台公司	综合管理部分管领导	审批	—	—
	申领人部门经理	审批	—	—
	综合管理部经理	审批	—	—
	申领人部门经理	审批	—	—
	申领人	填写	—	—
子公司	综合管理部分管领导	—	审批	—
	申领人部门经理	—	审批	—
	综合管理部经理	—	审批	—
	申领人部门经理	—	审批	—
	申领人	—	填写	—
分公司	经理	—	—	审批
	综合事务部经理	—	—	审批
	申领人部门经理	—	—	审批
	申领人	—	—	填写
审批方式		书面审批	书面审批	书面审批

（八）资产管理

1. 资产新增管理

（1）流程说明

流程目标	规范固定资产新增管理、日常管理及退出管理，提高固定资产利用效率，避免资源无效占用，确保公司资产完整，避免公司财产损失
适用范围	电力施工企业平台及子、分公司
相关制度	参照《国家电网有限公司省管产业单位固定资产监督管理办法》

（2）权限指引表

层级	部门岗位	《固定资产购置申请表》（平台公司）	《固定资产购置申请表》（子公司）	《固定资产购置申请表》（分公司）
平台公司	董事会	会审	会审	会审
	董事长	审批	审批	审批
	总经理办公会	会审	会审	会审
	总经理	审批	审批	审批
	经营审计部分管领导	审批	审批	审批
	需求部门分管领导	审批	—	—
	经营审计部经理	审批	审批	审批
	需求部门经理	审批	—	—
	需求部门专责	编制	—	—
子公司	总经理办公会	—	会审	会审
	总经理	—	审批	审批
	经营审计部分管领导	—	审批	审批
	需求部门分管领导	—	审批	—
	经营审计部经理	—	审批	审批
	需求部门经理	—	审批	—
	需求部门专责	—	编制	

续表

层级	部门岗位	《固定资产购置申请表》（平台公司）	《固定资产购置申请表》（子公司）	《固定资产购置申请表》（分公司）
分公司	经理办公会	—	—	会审
	经理	—	—	审批
	经营财务部经理	—	—	审批
	需求部门经理	—	—	审批
	需求部门专责	—	—	编制
审批方式		书面审批	书面审批	书面审批

2. 资产运行与维护管理

（1）资产盘点

1）流程说明

流程目标	规范固定资产盘点管理，提高固定资产利用效率，避免资源无效占用，确保公司资产完整，保证账卡物一致，避免公司财产损失
适用范围	电力施工企业平台及子、分公司
相关制度	参照《国家电网有限公司省管产业单位固定资产监督管理办法》

2）权限指引表

层级	部门岗位	《固定资产盘点表》	《固定资产盘点报告》（平台公司）	《固定资产盘点报告》（子公司）	《固定资产盘点报告》（分公司）
平台公司	董事会	—	会审	会审	会审
	董事长	—	审批	审批	审批
	总经理办公会	—	会审	会审	会审
	总经理	—	审批	审批	审批
	经营审计部分管领导	—	审批	审批	审批
	经营审计部经理	—	审批	审批	审批
	经营审计部专责	—	编制	—	—
	固定资产盘点小组	编制	—	—	—

续表

层级	部门岗位	《固定资产盘点表》	《固定资产盘点报告》（平台公司）	《固定资产盘点报告》（子公司）	《固定资产盘点报告》（分公司）
子公司	总经理办公会	—	—	会审	会审
	总经理	—	—	审批	审批
	经营审计部分管领导	—	—	审批	审批
	经营审计部经理	—	—	审批	审批
	经营审计部专责	—	—	编制	—
	固定资产盘点小组	编制	—	—	—
分公司	经理办公会	—	—	—	会审
	经理	—	—	—	审批
	经营财务部经理	—	—	—	审批
	经营财务部专责	—	—	—	编制
	固定资产盘点小组	编制	—	—	—
审批方式		书面审批	书面审批	书面审批	书面审批

（2）固定资产调拨

1）流程说明

流程目标	规范固定资产日常使用、调拨管理，提高固定资产利用效率，避免资源无效占用，确保公司资产完整，避免公司财产损失
适用范围	电力施工企业平台及子、分公司
相关制度	参照《国家电网有限公司省管产业单位固定资产监督管理办法》

2）权限指引表

层级	部门岗位	《固定资产交接表》	《固定资产调拨申请单》（平台公司）	《固定资产调拨申请单》（子公司）	《固定资产调拨申请单》（分公司）
平台公司	经营审计部分管领导	—	审批	—	—
	经营审计部经理	—	审批	—	—
	经营审计部专责	签字确认	—	—	—

续表

层级	部门岗位	《固定资产交接表》	《固定资产调拨申请单》（平台公司）	《固定资产调拨申请单》（子公司）	《固定资产调拨申请单》（分公司）
平台公司	调出部门分管领导	—	审批	—	—
	调出部门经理	—	审批	—	—
	调出部门专责	签字确认	—	—	—
	调入部门分管领导	—	审批	—	—
	调入部门经理	—	审批	—	—
	调入部门专责	签字确认	编制	—	—
子公司	经营审计部分管领导	—		审批	
	经营审计部经理	—		审批	
	经营审计部专责	签字确认		—	
	调出部门分管领导	—		审批	
	调出部门经理	—		审批	
	调出部门专责	签字确认		—	
	调入部门分管领导	—		审批	
	调入部门经理	—		审批	
	调入部门专责	签字确认		编制	
分公司	经理	—	—	—	审批
	经营财务部经理	—	—	—	审批
	经营财务部专责	签字确认	—	—	—
	调出部门经理	—	—	—	审批
	调出部门专责	签字确认	—	—	—
	调入部门经理	—	—	—	审批
	调入部门专责	签字确认	—	—	编制
审批方式		书面审批	书面审批	书面审批	书面审批

（3）资产出租及回收

1）流程说明

流程目标	规范固定出租及回收管理，提高固定资产利用效率，避免资源无效占用，确保公司资产完整，避免公司财产损失
适用范围	电力施工企业平台及子、分公司
相关制度	参照《国家电网有限公司省管产业单位固定资产监督管理办法》

2）权限指引表

层级	部门岗位	《出租资产交接表》	《固定资产出租申请单》（平台公司）	《固定资产出租申请单》（子公司）	《固定资产出租申请单》（分公司）
平台公司	总经理办公会	—	会审	—	—
	总经理	—	审批	—	—
	经营审计部分管领导	—	审批	—	—
	经营审计部经理	—	审批	—	—
	出租资产管理部门分管领导	—	审批	—	—
	出租资产管理部门经理	—	审批	—	—
	出租资产管理部门专责	签字确认	编制	—	—
子公司	总经理办公会	—	—	会审	—
	总经理	—	—	审批	—
	经营审计部分管领导	—	—	审批	—
	经营审计部经理	—	—	审批	—
	出租资产管理部门分管领导	—	—	审批	—
	出租资产管理部门经理	—	—	审批	—
	出租资产管理部门专责	签字确认	—	编制	—
分公司	经理办公会	—	—	—	会审
	经理	—	—	—	审批
	经营财务部经理	—	—	—	审批

续表

层级	部门岗位	《出租资产交接表》	《固定资产出租申请单》（平台公司）	《固定资产出租申请单》（子公司）	《固定资产出租申请单》（分公司）
	出租资产管理部门经理	—	—	—	审批
	出租资产管理部门专责	签字确认	—	—	编制
审批方式		书面审批	书面审批	书面审批	书面审批

3. 资产退出管理

（1）报废申请与审批

1）流程说明

流程目标	规范固定资产退出管理，提高固定资产利用效率，避免资源无效占用，确保公司资产完整，保证账卡物一致，避免公司财产损失
适用范围	电力施工企业平台及子、分公司
相关制度	参照《国家电网有限公司省管产业单位固定资产监督管理办法》

2）权限指引表

层级	部门岗位	《固定资产报废审批表》（平台公司）	《固定资产报废审批表》（子公司）	《固定资产报废审批表》（分公司）
平台公司	董事会	会审	会审	会审
	董事长	审批	审批	审批
	总经理办公会	会审	会审	会审
	总经理	审批	审批	审批
	经营审计部分管领导	审批	审批	审批
	资产管理部门分管领导	审批	—	—
	经营审计部经理	审批	审批	审批
	资产管理部门经理	审批	—	—
	资产管理部门专责	编制	—	—
子公司	总经理办公会	—	会审	会审
	总经理	—	审批	审批

续表

层级	部门岗位	《固定资产报废审批表》（平台公司）	《固定资产报废审批表》（子公司）	《固定资产报废审批表》（分公司）
子公司	经营审计部分管领导	—	审批	审批
	资产管理部门分管领导	—	审批	—
	经营审计部经理	—	审批	审批
	资产管理部门经理	—	审批	—
	资产管理部门专责	—	编制	—
分公司	经理办公会	—	—	会审
	经理	—	—	审批
	经营财务部经理	—	—	审批
	资产管理部门经理	—	—	审批
	资产管理部门专责	—	—	编制
审批方式		书面审批	书面审批	书面审批

（2）资产评估与处置

1）流程说明

流程目标	规范固定资产评估与处置管理，提高固定资产利用效率，避免资源无效占用，确保公司资产完整，保证账卡物一致，避免公司财产损失
适用范围	电力施工企业平台及子、分公司
相关制度	参照《国家电网有限公司省管产业单位固定资产监督管理办法》

2）权限指引表

层级	部门岗位	《资产评估报告》（平台公司）	《资产评估报告》（子公司）	《资产评估报告》（分公司）
平台公司/子公司	财务资产部专责	接收	接收	—
分公司	经营财务部财务专责	—	—	接收
审批方式		书面审批	书面审批	书面审批

4. 产权交易管理

（1）流程说明

流程目标	规范产权交易申请与审批管理，增强产权意识，加强产权交易管理，明确公司产权关系，实现产权价值最大化
适用范围	电力施工企业平台公司
相关制度	参照《国家电网有限公司省管产业单位固定资产监督管理办法》

（2）权限指引表

层级	部门岗位	《产权交易方案》	《产权交易申请书》
平台公司	董事会	会审	会审
	董事长	审批	审批
	总经理	审批	审批
	经营审计部分管领导	审批	审批
	经营审计部经理	审批	审批
	经营审计部专责	编制	编制
审批方式		书面审批	书面审批

（九）法律事务管理

1. 案件管理

（1）仲裁

1）流程说明

流程目标	规范仲裁事项处理程序，降低法律风险，维护公司权益
适用范围	电力施工企业平台及子、分公司
相关制度	参照《国家电网公司法律纠纷案件管理办法》（国家电网企管〔2017〕750号）

2）权限指引表

层级	部门岗位	《仲裁事项汇报》（平台公司）	《仲裁事项汇报》（子公司）	《仲裁事项汇报》（分公司）
平台公司	董事长	批示/上报	—	—
	总经理	上报	—	—
平台公司	经营审计部分管领导	上报	—	—
	经营审计部经理	上报	—	—
	经营审计部专责	上报	—	—
子公司	总经理	—	批示/上报	—
	经营审计部分管领导	—	上报	—
	经营审计部经理	—	上报	—
	经营审计部专责	—	上报	—
分公司	经理	—	—	批示/上报
	综合事务部经理	—	—	上报
	综合事务部专责	—	—	上报
审批方式		书面审批	书面审批	书面审批

（2）案件起诉与应诉

1）流程说明

流程目标	规范案件起诉与应诉程序，保护公司合法权益不受侵害，降低因法律纠纷造成不必要的损失
适用范围	电力施工企业平台及子、分公司
相关制度	参照《国家电网公司法律纠纷案件管理办法》（国家电网企管〔2017〕750号）

2）权限指引表

层级	部门岗位	《法律纠纷案件报告表》（平台公司）	《法律纠纷案件报告表》（子公司）	《法律纠纷案件报告表》（分公司）
平台公司	董事长	审批	—	—
	总经理	审批	—	—
	经营审计部分管领导	审批	—	—

续表

层级	部门岗位	《法律纠纷案件报告表》（平台公司）	《法律纠纷案件报告表》（子公司）	《法律纠纷案件报告表》（分公司）
平台公司	案涉部门分管领导	审批	—	—
	经营审计部经理	审批	—	—
	案涉部门经理	编制	—	—
	经营审计部专责	审核	—	—
子公司	总经理	—	审批	审批
	经营审计部分管领导	—	审批	审批
	案涉部门分管领导	—	审批	—
	经营审计部经理	—	审批	审批
	案涉部门经理	—	编制	—
	经营审计部专责	—	审核	审核
分公司	经理	—	—	审批
	综合事务部经理	—	—	审批
	案涉部门经理	—	—	编制
审批方式		书面审批	书面审批	书面审批

层级	部门岗位	《诉讼处理方案》（平台公司）	《诉讼处理方案》（子公司）	《诉讼处理方案》（分公司）
平台公司	董事长	审批	—	—
	总经理	审批	—	—
	经营审计部分管领导	审批	—	—
	经营审计部经理	审批	—	—
	经营审计部专责	编制	—	—
子公司	总经理	—	审批	审批
	经营审计部分管领导	—	审批	审批
	经营审计部经理	—	审批	审批
	经营审计部专责	—	编制	编制
审批方式		书面审批	书面审批	书面审批

2. 合同授权管理

（1）流程说明

流程目标	规范合同授权程序，降低相关法律纠纷风险，保障公司权益不受侵害
适用范围	电力施工企业平台及子公司
相关制度	参照《国家电网有限公司法定代表人授权委托管理办法》（国家电网企管〔2018〕1178号）

（2）权限指引表

层级	部门岗位	《授权委托申请表》（平台公司）	《授权委托申请表》（子公司）
平台公司	相关业务部门	会签	—
	授权委托部门承办人	编制	—
子公司	相关业务部门	—	会签
	授权委托部门承办人	—	编制
审批方式		书面审批	书面审批

层级	部门岗位	《授权委托书》（平台公司）	《授权委托书》（子公司）
平台公司	法定代表人	审批	—
	经营审计部分管领导	审批	—
	授权委托部门承办人分管领导	审批	—
	经营审计部经理	审批	—
	经营审计部专责	编制	—
子公司	法定代表人	—	审批
	经营审计部分管领导	—	审批
	授权委托部门承办人分管领导	—	审批
	经营审计部经理	—	审批
	经营审计部专责	—	编制
审批方式		书面审批	书面审批

（十）合同管理

1. 合同审核与签署管理

（1）流程说明

流程目标	规范合同审核程序，明确公司的权利和义务，降低合同法律风险，保障公司权益
适用范围	电力施工企业平台及子、分公司
相关制度	参照《国家电网有限公司合同管理办法》（国家电网企管〔2019〕427号）

（2）权限指引表

层级	部门岗位	平台公司流程	子公司流程	分公司流程
平台公司	董事长	审批	—	—
	总经理	审批	审批	审批
	经营审计部分管领导	审批	—	—
	经营审计部法律专责	审核	审核	审核
	相关专业部门	审批	—	—
	合同承办部门经理	审批	—	—
	合同承办部门专责	发起	—	—
子公司	总经理	—	审批	—
	相关专业部门	—	审批	—
	合同承办部门分管领导	—	审批	—
	合同承办部门经理	—	审批	—
	合同承办部门专责	—	发起	—
分公司	经理	—	—	审批
	相关专业部门	—	—	审批
	合同承办部门经理	—	—	审批
	合同承办部门专责	—	—	发起
审批方式		系统审批	系统审批	系统审批

2. 合同变更与解除管理

（1）流程说明

流程目标	完善合同变更与解除程序，降低由合同变更或解除事项处理不当引发的法律纠纷风险，保障公司的各项权益
适用范围	电力施工企业平台及子、分公司
相关制度	参照《国家电网有限公司合同管理办法》

（2）权限指引表

层级	部门岗位	《合同变更/解除的说明文件》（平台公司）	《合同变更/解除的说明文件》（子公司）	《合同变更/解除的说明文件》（分公司）
平台公司	董事长	审批	—	—
	总经理	审批	—	—
	经营审计部分管领导	审批	—	—
平台公司	合同承办部门分管领导	审批	—	—
	经营审计部经理	审批	—	—
	合同承办部门经理	审批	—	—
	经营审计部专责	审核	—	—
	合同承办部门专责	编制	—	—
子公司	总经理	—	审批	审批
	经营审计部分管领导	—	审批	审批
	合同承办部门分管领导	—	审批	—
	经营审计部经理	—	审批	审批
	合同承办部门经理	—	审批	—
	经营审计部专责	—	审核	审核
	合同承办部门专责	—	编制	—
分公司	经理	—	—	审批
	综合事务部经理	—	—	审批
	合同承办部门经理	—	—	审批
	合同承办部门专责	—	—	编制
审批方式		书面审批	书面审批	书面审批

3. 合同争议处理管理

（1）流程说明

流程目标	完善合同争议处理流程，降低由合同争议引发的法律风险，确保公司正常运营和健康发展
适用范围	电力施工企业平台及子、分公司
相关制度	参照《国家电网有限公司合同管理办法》

（2）权限指引表

层级	部门岗位	《争议协商方案》（平台公司）	《合同履行情况和争议情况报告》（平台公司）
平台公司	董事长	—	审批
	总经理	—	审批
	经营审计部分管领导	审批	审批
	合同承办部门分管领导	审批	审批
	经营审计部经理	审批	审批
平台公司	合同承办部门经理	审批	审批
	经营审计部专责	审核	审核
	合同承办部门专责	编制	编制
审批方式		书面审批	书面审批

层级	部门岗位	《争议协商方案》（子公司）	《合同履行情况和争议情况报告》（子公司）
子公司	总经理	—	审批
	经营审计部分管领导	审批	审批
	合同承办部门分管领导	审批	审批
	经营审计部经理	审批	审批
	合同承办部门经理	审批	审批
	经营审计部专责	审核	审核
	合同承办部门专责	编制	编制
审批方式		书面审批	书面审批

层级	部门岗位	《争议协商方案》（分公司）	《合同履行情况和争议情况报告》（分公司）
子公司	总经理	—	审批
子公司	经营审计部分管领导	—	审批
子公司	经营审计部经理	—	审批
子公司	经营审计部专责	—	审核
分公司	经理	审批	审批
分公司	综合事务部经理	审批	审批
分公司	合同承办部门经理	审批	审批
分公司	综合事务部专责	—	审核
分公司	合同承办部门专责	编制	—
审批方式		书面审批	书面审批

4. 合同检查与考核管理

（1）流程说明

流程目标	完善公司合同检查与考核的管理流程，强化检查与考核的作用，降低法律风险，保障公司权益
适用范围	电力施工企业平台及子公司
相关制度	参照《国家电网有限公司合同管理办法》

（2）权限指引表

层级	部门岗位	《合同抽查报告》（平台公司）	《合同问题整改报告》（平台公司）	《合同抽查报告》（子公司）	《合同问题整改报告》（子公司）
平台公司	经营审计部经理	审批	审批	—	—
平台公司	合同承办部门经理	—	审批	—	—
平台公司	经营审计部专责	编制	审核	—	—
平台公司	合同承办部门专责	—	编制	—	—

续表

层级	部门岗位	《合同抽查报告》（平台公司）	《合同问题整改报告》（平台公司）	《合同抽查报告》（子公司）	《合同问题整改报告》（子公司）
子公司	经营审计部经理	—	—	审批	审批
	合同承办部门经理	—	—	—	审批
	经营审计部专责	—	—	编制	审核
	合同承办部门专责	—	—	—	编制
审批方式		书面审批	书面审批	书面审批	书面审批

（十一）项目投资管理

1. 投资立项与决策管理

（1）投资立项申请与审批

1）流程说明

流程目标	优化投资管理机制，落实管理责任，激发企业活力，防范投资风险，提高投资效益
适用范围	电力施工企业平台及子、分公司
相关制度	参照《国家电网有限公司集体企业投资管理办法》［国网（产业/4）192—2020)］

2）权限指引表

层级	部门岗位	《投资立项申请报告》（平台公司）	《投资立项申请报告》（子公司）	《投资立项申请报告》（分公司）
平台公司	董事会	会审	会审	会审
	董事长	审批	审批	审批
	总经理	审批	审批	审批
	经营审计部分管领导	审批	审批	审批
	经营审计部经理	审批	审批	审批
	经营审计部专责	编制	审核	审核

续表

层级	部门岗位	《投资立项申请报告》（平台公司）	《投资立项申请报告》（子公司）	《投资立项申请报告》（分公司）
子公司	总经理办公会	—	会审	会审
	总经理	—	审批	审批
	经营审计部分管领导	—	审批	审批
	经营审计部经理	—	审批	审批
	经营审计部专责	—	编制	审核
分公司	经理	—	—	审批
	经营财务部经理	—	—	审批
	经营财务部专责	—	—	编制
审批方式		书面审批	书面审批	书面审批

（2）可行性研究与投资决策

1）流程说明

流程目标	优化投资管理机制，做好项目投资分析，最大限度防范投资风险，提高投资效益
适用范围	电力施工企业平台及子、分公司
相关制度	参照《国家电网有限公司集体企业投资管理办法》

2）权限指引表

层级	部门岗位	《项目可行性研究报告》（平台公司）	《项目可行性研究报告》（子公司）	《项目可行性研究报告》（分公司）
平台公司	董事长	审批	审批	审批
	总经理	审批	审批	审批
	经营审计部分管领导	审批	审批	审批
	经营审计部经理	审批	审批	审批
	经营审计部专责	编制	审核	审核

续表

层级	部门岗位	《项目可行性研究报告》（平台公司）	《项目可行性研究报告》（子公司）	《项目可行性研究报告》（分公司）
子公司	总经理	—	审批	审批
	经营审计部分管领导	—	审批	审批
	经营审计部经理	—	审批	审批
	经营审计部专责	—	编制	审核
分公司	经理	—	—	审批
	经营财务部经理	—	—	审批
	经营财务部专责	—	—	编制
审批方式		书面审批	书面审批	书面审批

层级	部门岗位	《项目风险评估报告》（平台公司）	《项目风险评估报告》（子公司）	《项目风险评估报告》（分公司）
平台公司	董事长	审批	审批	审批
	总经理	审批	审批	审批
	经营审计部分管领导	审批	审批	审批
	经营审计部经理	审批	审批	审批
	经营审计部专责	编制	审核	审核
子公司	总经理	—	审批	审批
	经营审计部分管领导	—	审批	审批
	经营审计部经理	—	审批	审批
	经营审计部专责	—	编制	审核
分公司	经理	—	—	审批
	经营财务部经理	—	—	审批
	经营财务部专责	—	—	编制
审批方式		书面审批	书面审批	书面审批

2. 投资项目跟踪管理

（1）流程说明

流程目标	规范投资管理，确保投资项目合法合规，维护公司合法权益
适用范围	电力施工企业平台及子、分公司
相关制度	参照《国家电网有限公司集体企业投资管理办法》

（2）权限指引表

层级	部门岗位	《投资项目跟踪分析报告》（平台公司）	《投资项目跟踪分析报告》（子公司）	《投资项目跟踪分析报告》（分公司）
平台公司	董事会	会审	会审	会审
	董事长	审批	审批	审批
	总经理	审批	审批	审批
	经营审计部分管领导	审批	审批	审批
	经营审计部经理	审批	审批	审批
	经营审计部专责	编制	审核	审核
子公司	总经理办公会	—	会审	会审
	总经理	—	审批	审批
	经营审计部分管领导	—	审批	审批
	经营审计部经理	—	审批	审批
	经营审计部专责	—	编制	审核
分公司	经理	—	—	审批
	经营财务部经理	—	—	审批
	经营财务部专责	—	—	编制
审批方式		书面审批	书面审批	书面审批

3. 投资后评价管理

（1）流程说明

流程目标	规范项目投资后的评价工作，提高集体企业投资决策水平和投资效益，加强集体企业投资项目全过程管理，形成良性项目决策机制
适用范围	电力施工企业平台及子、分公司
相关制度	参照《国家电网有限公司集体企业投资管理办法》

（2）权限指引表

层级	部门岗位	《投资后评价报告》（平台公司）	《投资后评价报告》（子公司）	《投资后评价报告》（分公司）
平台公司	董事会	批准	批准	批准
	董事长	审批	审批	审批
	总经理	审批	审批	审批
	经营审计部分管领导	审批	审批	审批
	经营审计部经理	审批	审批	审批
	经营审计部专责	编制	审核	审核
子公司	总经理办公会	—	批准	批准
	总经理	—	审批	审批
	经营审计部分管领导	—	审批	审批
	经营审计部经理	—	审批	审批
	经营审计部专责	—	编制	审核
分公司	经理	—	—	审批
	经营财务部经理	—	—	审批
	经营财务部专责	—	—	编制
审批方式		书面审批	书面审批	书面审批

（十二）风控管理

1. 风险报告管理

（1）流程说明

流程目标	及时预测、识别和应对风险，建立明确且有效的风险度量程序，落实管理责任、防范经营风险、控制潜在损失
适用范围	电力施工企业平台及子、分公司
相关制度	参照《国家电网有限公司全面风险管理与内部控制办法》

（2）权限指引表

层级	部门岗位	《年度全面风险管理报告编制通知》	《年度全面风险管理报告》（平台公司）	《部门年度全面风险管理报告》（平台公司）
平台公司	董事会	—	会审	—
	董事长	—	审批	—
	总经理	—	审批	—
	经营审计部分管领导	—	审批	—
	职能部门分管领导	—	—	审批
	经营审计部经理	审批	审批	—
	职能部门经理	—	—	审批
	经营审计部专责	编制	编制	—
	职能部门专责	—	—	编制
审批方式		书面审批	书面审批	书面审批

层级	部门岗位	《年度全面风险管理报告》（子公司）	《部门年度全面风险管理报告》（子公司）
子公司	总经理办公会	会审	—
	总经理	审批	—
	经营审计部分管领导	审批	—
	职能部门分管领导	—	审批
	经营审计部经理	审批	—
	经营审计部专责	编制	—
	职能部门经理	—	审批
	职能部门专责	—	编制
审批方式		书面审批	书面审批

层级	部门岗位	《年度全面风险管理报告》（分公司）	《部门年度全面风险管理报告》（分公司）
分公司	经理	审批	—
	综合事务部经理	审批	—
	职能部门经理	—	审批
	综合事务部专责	编制	—
	职能部门专责	—	编制
审批方式		书面审批	书面审批

2. 内控评价管理

（1）内控评价方案编制与审批

1）流程说明

流程目标	确保内控评价方案科学、可行，评价方法和方式与公司实际相适应，真实反映公司实际情况，有效防范经营风险、控制潜在损失
适用范围	电力施工企业平台及子、分公司
相关制度	参照《国家电网有限公司全面风险管理与内部控制办法》

2）权限指引表

层级	部门岗位	《内部控制评价工作方案》（平台公司）	《内部控制评价工作方案》（子公司）
平台公司	总经理	审批	审批
	经营审计部分管领导	审批	审批
	经营审计部经理	审批	审批
	经营审计部专责	编制	审核
审批方式		书面审批	书面审批

层级	部门岗位	《内部控制评价工作方案》（子公司）	《内部控制评价工作方案》（分公司）
子公司	总经理	审批	审批
	经营审计部分管领导	审批	审批
	经营管理部经理	审批	审批
	经营管理部专责	编制	审核
审批方式		书面审批	书面审批

层级	部门岗位	《内部控制评价工作方案》（分公司）
分公司	经理	审批
	经营财务部经理	审批
	经营财务部专责	编制
审批方式		书面审批

（2）内控评价测试与报告

1）流程说明

流程目标	确保内控评价测试准确，真实反映公司实际情况，报告明确、措施有效
适用范围	电力施工企业平台及子公司
相关制度	参照《国家电网有限公司全面风险管理与内部控制办法》

2）权限指引表

层级	部门岗位	《内控评价底稿》（平台公司）	《内控评价报告》（平台公司）
平台公司	内控评价领导小组	—	审批
	内控评价小组组长	复核	编制
	内控评价小组	编制	—
	职能部门经理	审核	—
审批方式		书面审批	书面审批

层级	部门岗位	《内控评价底稿》（子公司）	《内控评价报告》（子公司）
子公司	内控评价领导小组	—	审批
	内控评价小组组长	复核	编制
	内控评价小组	编制	—
	职能部门经理	审核	—
审批方式		书面审批	书面审批

（3）内控缺陷整改与复查

1）流程说明

流程目标	确保内控缺陷及时整改完成，保证公司合规经营，有效防范经营风险、控制潜在损失
适用范围	电力施工企业平台及子公司
相关制度	参照《国家电网有限公司全面风险管理与内部控制办法》

2）权限指引表

层级	部门岗位	《部门内控缺陷整改报告》（平台公司）	《公司内控缺陷整改报告》（平台公司）
平台公司	总经理	—	审批
	经营审计部分管领导	—	审批

层级	部门岗位	《部门内控缺陷整改报告》（平台公司）	《公司内控缺陷整改报告》（平台公司）
平台公司	经营审计部经理	—	审批
	职能部门经理	审批	—
	经营审计部专责	—	编制
	职能部门专责	编制	—
审批方式		书面审批	书面审批

层级	部门岗位	《部门内控缺陷整改报告》（子公司）	《公司内控缺陷整改报告》（子公司）
子公司	总经理	—	审批
	经营审计部分管领导	—	审批
	经营审计部经理	—	审批
	职能部门经理	审批	—
	经营审计部专责	—	编制
	职能部门专责	编制	—
审批方式		书面审批	书面审批

（十三）工会管理

1. 工会活动管理

（1）流程说明

流程目标	规范工会工作程序，确保工会活动正常有序开展
适用范围	电力施工企业平台及子公司
相关制度	—

（2）权限指引表

层级	部门岗位	《活动简报》（平台公司）	《活动简报》（子公司）
平台公司	工会主席	审批	—
	经费审查委员会主任	审批	—
	工会财务负责人	审批	—
	工会相关岗位	编制	—
子公司	工会主席	—	审批
	经费审查委员会主任	—	审批
	工会财务负责人	—	审批
	工会相关岗位	—	编制
审批方式		书面审批	书面审批

2. 工会经费管理

（1）工会费用报销

1）流程说明

流程目标	加强工会费用报销管理，避免滥用、违规使用工会经费
适用范围	电力施工企业平台及子公司
相关制度	参照《国家电网公司工会经费管理办法》[国网（工会/3）845—2017]

2）权限指引表

层级	部门岗位	《报销审批单》（平台公司）	《凭证》（平台公司）
平台公司	工会主席	审批	—
	分工会主席	审批	—
	工会财务负责人	审批	审批
	工会稽核	—	审核
	工会会计	—	编制
	工会相关岗位	编制	—
审批方式		书面审批	书面审批

层级	部门岗位	《报销审批单》 （子公司）	《凭证》 （子公司）
子公司	工会主席	审批	—
	分工会主席	审批	—
	工会财务负责人	审批	审批
	工会稽核	—	审核
	工会会计	—	编制
	工会相关岗位	编制	—
审批方式		书面审批	书面审批

（2）工会报表编制与审批

1）流程说明

流程目标	规范准确地编制工会财务报表，客观地反映工会财务状况
适用范围	电力施工企业平台及子公司
相关制度	—

2）权限指引表

层级	部门岗位	《工会会计报表》 （平台公司）	《工会会计报表》 （子公司）
平台公司	工会主席	审批	—
	工会财务负责人	审批	—
	工会会计	编制	—
子公司	工会主席	—	审批
	工会财务负责人	—	审批
	工会会计	—	编制
审批方式		书面审批	书面审批

（十四）审计及内部监督

1. 信访案件工作管理

（1）流程说明

流程目标	规范信访案件处理程序，保证恰当处理信访案件，保护信访人和企业合法权益
适用范围	电力施工企业平台及子、分公司
相关制度	参照《山东电力集团公司信访工作管理暂行办法》（鲁电办〔2015〕931号）

（2）权限指引表

层级	部门岗位	《信访事项汇报》（平台公司）	《信访事项汇报》（子公司）	《信访事项汇报》（分公司）
平台公司	董事长	批示/上报	批示/上报	批示/上报
	总经理	上报	上报	上报
	综合管理部分管领导	上报	上报	上报
	综合管理部经理	上报	上报	上报
	综合管理部专责	上报	上报	上报
子公司	总经理	—	批示/上报	批示/上报
	综合管理部分管领导	—	上报	上报
	综合管理部经理	—	上报	上报
	综合管理部专责	—	上报	上报
分公司	经理	—	—	批示/上报
	综合事务部经理	—	—	上报
	综合事务部专责	—	—	上报
审批方式		书面审批	书面审批	书面审批

2. 年度审计计划管理

（1）流程说明

流程目标	规范年度审计计划编制与审批程序，保证年度审计计划的可执行性，为公司合规经营提供有效保障
适用范围	电力施工企业平台公司
相关制度	参照《国家电网有限公司审计工作管理办法》（国家电网企管〔2019〕428 号）

（2）权限指引表

层级	部门岗位	《公司年度审计计划》
平台公司	经营审计部分管领导	审批
	经营审计部经理	审批
	经营审计部专责	编制
审批方式		书面审批

3. 审计实施管理

（1）流程说明

流程目标	规范审计实施程序，加强审计工作的计划性和规范性，确保审计工作合理、高效
适用范围	电力施工企业平台公司
相关制度	参照《国家电网有限公司审计工作管理办法》

（2）权限指引表

层级	部审批位	《后续审计报告》	《审计报告》	《审计通知》
平台公司	总经理办公会	—	会审	—
	总经理	审批	审批	—
	经营审计部分管领导	审批	审批	—
	经营审计部经理	—	—	审批
	经营审计部专责	—	—	编制
	审计小组	编制	编制	—
审批方式		书面审批	书面审批	书面审批

（十五）信息化管理

1. 规划管理

（1）流程说明

流程目标	规范信息化规划的编制与审批程序，使信息化规划具有科学性和高度的可执行性，提高公司运营效率
适用范围	电力施工企业平台及子公司
相关制度	参照《国家电网公司集体企业信息化管理办法》（国家电网企管〔2018〕94 号）

（2）权限指引表

层级	部门岗位	《规划编制通知》（平台公司）	《公司信息化规划》	《信息化规划》（子公司）
平台公司	总经理办公会	—	会审	—
	总经理	—	审批	—
	综合管理部分管领导	—	审批	—
	职能部门经理	—	会审	—
	综合管理部经理	审批	审批	—
	综合管理部专责	编制	编制	—
子公司	总经理办公会	—	—	会审
	综合管理部分管领导	—	—	审批
	职能部门经理	—	—	会审
	综合管理部经理	—	—	审批
	综合管理部专责	—	—	编制
审批方式		书面审批	书面审批	书面审批

2. 年度信息化计划管理

（1）流程说明

流程目标	规范年度信息化计划编制与审批程序，保证年度信息化计划的科学性、可执行性，提高公司运营效率
适用范围	电力施工企业平台及子公司
相关制度	参照《国家电网公司集体企业信息化管理办法》

（2）权限指引表

层级	部门岗位	《计划编制通知》	《公司年度信息化计划》	《子公司年度信息化计划》
平台公司	总经理办公会	—	会审	—
	总经理	—	审批	—
	综合管理部分管领导	—	审批	—
	职能部门经理	—	会审	—
	综合管理部经理	审批	审批	—
	综合管理部专责	编制	编制	—
子公司	总经理办公会	—	—	会审
	综合管理部分管领导	—	—	审批
	职能部门经理	—	—	会审
	综合管理部经理	—	—	审批
	综合管理部专责	—	—	编制
审批方式		书面审批	书面审批	书面审批

3. 项目验收管理

（1）流程说明

流程目标	规范信息系统验收及上线程序，确保信息系统的适用性和上线使用的及时性，提高公司运营效率
适用范围	电力施工企业平台及子公司
相关制度	参照《国家电网公司集体企业信息化管理办法》

（2）权限指引表

层级	部门岗位	《试运行申请》 （平台公司）	《上线申请》 （平台公司）
平台公司	总经理	—	审批
	综合管理部分管领导	审批	审批
	综合管理部经理	审批	审批
	职能部门经理	会审	会审
	综合管理部专责	编制	编制
审批方式		书面审批	书面审批

层级	部门岗位	《试运行申请》 （子公司）	《上线申请》 （子公司）
子公司	总经理	—	审批
	综合管理部分管领导	审批	审批
	综合管理部经理	审批	审批
	职能部门经理	会审	会审
	综合管理部专责	编制	编制
审批方式		书面审批	书面审批

4. 信息系统安全管理

（1）流程说明

流程目标	规范信息系统安全报告编制与审批程序，保障公司信息数据安全
适用范围	电力施工企业平台及子公司
相关制度	参照《国家电网公司集体企业信息化管理办法》（国家电网企管〔2018〕94号）

（2）权限指引表

层级	部门岗位	《信息系统安全报告》 （平台公司）	《信息系统安全报告》 （子公司）
平台公司	综合管理部分管领导	审批	—

续表

层级	部门岗位	《信息系统安全报告》（平台公司）	《信息系统安全报告》（子公司）
平台公司	综合管理部经理	审批	—
	综合管理部专责	编制	—
子公司	综合管理部分管领导	—	审批
	综合管理部经理	—	审批
	综合管理部专责	—	编制
审批方式		书面审批	书面审批

（十六）市场营销管理

1. 计划管理

（1）年度市场营销计划编制与审批

1）流程说明

流程目标	分解年度公司战略，确保各级单位制定并实施年度市场营销计划
适用范围	电力施工企业平台及子、分公司
相关制度	—

2）权限指引表

层级	部门岗位	《计划编制通知》	《年度市场营销计划》（平台公司）
平台公司	总经理办公会	—	会审
	市场营销部分管领导	—	审批
	市场营销部经理	审批	审批
	市场营销部专责	编制	编制
审批方式		书面审批	书面审批

层级	部门岗位	《年度市场营销计划》（子公司）	《年度市场营销计划》（分公司）
子公司	总经理办公会	会审	—
	市场营销部分管领导	审批	—
	市场营销部经理	审批	—
	市场营销部专责	编制	—
分公司	经理	—	审批
	安全工程部经理	—	审批
	安全工程部市场开拓专责	—	编制
审批方式		书面审批	书面审批

（2）年度市场营销计划调整

1）流程说明

流程目标	规范把控年度市场营销计划调整流程，保证计划调整的及时性、合理性
适用范围	电力施工企业平台及子、分公司
相关制度	—

2）权限指引表

层级	部门岗位	《计划调整通知》	《年度市场营销计划（调整后）》（平台公司）
平台公司	总经理办公会	—	会审
	市场营销部分管领导	—	审批
	市场营销部经理	审批	审批
	市场营销部专责	编制	编制
审批方式		书面审批	书面审批

层级	部门岗位	《年度市场营销计划调整申请》（子公司）	《年度市场营销计划调整申请》（分公司）
子公司	总经理办公会	会审	—
	市场营销部分管领导	审批	—

续表

层级	部门岗位	《年度市场营销计划调整申请》（子公司）	《年度市场营销计划调整申请》（分公司）
子公司	市场营销部经理	审批	—
	市场营销部专责	编制	—
分公司	经理	—	审批
	安全工程部经理	—	审批
	安全工程部市场开拓专责	—	编制
审批方式		书面审批	书面审批

2. 市场调查管理

（1）流程说明

流程目标	规范执行市场信息收集与评估程序，保证信息收集的及时性、信息评估的准确性、信息内容的真实性，充分支撑市场拓展目标
适用范围	电力施工企业子、分公司
相关制度	—

（2）权限指引表

层级	部门岗位	《信息分析报告》（子公司）	《信息分析报告》（分公司）
子公司	市场营销部分管领导	审批	—
	市场营销部经理	审批	—
	市场营销部专责	编制	—
分公司	经理	—	审批
	安全工程部经理	—	审批
	安全工程部市场开拓专责	—	编制
审批方式		书面审批	书面审批

3. 项目评审管理

（1）流程说明

流程目标	规范项目评审流程，保证项目评审结果的科学性、有效性、信息内容的真实性，充分支撑公司承接高质量项目
适用范围	电力施工企业子、分公司
相关制度	—

（2）权限指引表

层级	部门岗位	《项目调查报告》（子公司）	《备选项目清单》（子公司）
子公司	总经理	—	审批
	市场营销部分管领导	—	编制
	市场营销部经理	审批	—
	市场营销部专责	编制	—
审批方式		书面审批	书面审批

层级	部门岗位	《项目调查报告》（分公司）	《备选项目清单》（分公司）
分公司	经理	—	编制
	安全工程部经理	审批	—
	安全工程部市场开拓专责	编制	—
审批方式		书面审批	书面审批

4. 客户评价管理

（1）客户审核与准入

1）流程说明

流程目标	规范客户审核与准入程序，提高客户质量，提升优质率，为公司经营发展提供保障
适用范围	电力施工企业子、分公司
相关制度	—

2) 权限指引表

层级	部门岗位	《客户信息表》（子公司）	《客户信息表》（分公司）
子公司	市场营销部分管领导	审批	—
	市场营销部经理	审批	—
	市场营销部专责	编制	—
分公司	经理	—	审批
	安全工程部经理	—	审批
	安全工程部市场开拓专责	—	编制
审批方式		书面审批	书面审批

（2）客户日常跟踪与信息汇报

1) 流程说明

流程目标	规范客户日常情况跟踪及信息汇报程序，保证获取客户履约信息的准确性与时效性，为公司优质完成项目管理提供保障
适用范围	电力施工企业子、分公司
相关制度	—

2) 权限指引表

层级	部门岗位	《客户情况报告》（子公司）	《客户情况报告》（分公司）
子公司	市场营销部分管领导	审批	—
	市场营销部经理	审批	—
	市场营销部专责	编制	—
分公司	经理	—	审批
	安全工程部经理	—	审批
	安全工程部市场开拓专责	—	编制
审批方式		书面审批	书面审批

（3）客户评价与退出

1）流程说明

流程目标	规范客户评价与退出程序，保证客户退出程序的合规性、合理性，高效支撑公司下一年度市场营销资源分配
适用范围	电力施工企业子、分公司
相关制度	—

2）权限指引表

层级	部门岗位	《客户评价表》（子公司）	《客户评价表》（分公司）
子公司	市场营销部分管领导	审批	—
	市场营销部经理	审批	—
	市场营销部专责	编制	—
分公司	经理	—	审批
	安全工程部经理	—	审批
	安全工程部市场开拓专责	—	编制
审批方式		书面审批	书面审批

5. 服务回访管理

（1）流程说明

流程目标	规范服务回访程序，及时发现服务存在的问题，不断沟通改进，提升客户服务质量，提高公司的竞争力
适用范围	电力施工企业子、分公司
相关制度	—

（2）权限指引表

层级	部门岗位	《服务情况报告》（子公司）	《服务情况报告》（分公司）
子公司	市场营销部分管领导	审批	—
	市场营销部经理	审批	—
	市场营销部专责	编制	—

续表

层级	部门岗位	《服务情况报告》（子公司）	《服务情况报告》（分公司）
分公司	经理	—	审批
	安全工程部经理	—	审批
	安全工程部市场开拓专责	—	编制
审批方式		书面审批	书面审批

（十七）信用管理

1. 失信信息监测管理

（1）流程说明

流程目标	完善失信信息监测工作机制，防范信用风险
适用范围	电力施工企业平台及子、分公司
相关制度	参照《国家电网有限公司信用工作管理办法》（国网〔2020〕833 号）

（2）权限指引表

层级	部门岗位	《部门失信信息统计表》（平台公司）	《部门失信信息统计表》（子公司）	《部门失信信息统计表》（分公司）
平台公司	职能部门经理	审批	—	—
	职能部门专责	编制	—	—
子公司	职能部门经理	—	审批	—
	职能部门专责	—	编制	—
分公司	职能部门经理	—	—	审批
	职能部门专责	—	—	编制
审批方式		书面审批	书面审批	书面审批

层级	部门岗位	《失信信息统计表》（平台公司）	《失信信息统计表》（子公司）	《失信信息统计表》（分公司）
平台公司	总经理	审批	审批	审批
	信用管理部门分管领导	审批	审批	审批
	信用管理部门经理	审批	审批	审批
	信用管理部门专责	编制	审核	—
子公司	总经理	—	审批	审批
	信用管理部门分管领导	—	审批	审批
	信用管理部门经理	—	审批	审批
	信用管理部门专责	—	编制	审核
分公司	经理	—	—	审批
	信用管理部门经理	—	—	审批
	信用管理部门专责	—	—	编制
审批方式		书面审批	书面审批	书面审批

2. 信用修复管理

（1）流程说明

流程目标	规范失信事件处置流程，及时处理失信事件，降低社会不良影响
适用范围	电力施工企业平台及子、分公司
相关制度	参照《国家电网有限公司信用工作管理办法》

（2）权限指引表

层级	部门岗位	《信用修复方案》（平台公司）	《信用修复方案》（子公司）	《信用修复方案》（分公司）
平台公司	总经理	审批	审批	审批
	信用管理部门分管领导	审批	审批	审批
	信用管理部门经理	审批	审批	审批
	信用管理部门专责	编制	—	—

续表

层级	部门岗位	《信用修复方案》（平台公司）	《信用修复方案》（子公司）	《信用修复方案》（分公司）
子公司	总经理	—	审批	审批
	信用管理部门分管领导	—	审批	审批
	信用管理部门经理	—	审批	审批
	信用管理部门专责	—	编制	—
分公司	经理	—	—	审批
	信用管理部门经理	—	—	审批
	信用管理部门专责	—	—	编制
审批方式		书面审批	书面审批	书面审批

六、信息与沟通

信息与沟通是及时、准确、完整地收集与企业经营管理相关的各种信息，并使这些信息以适当的方式在企业有关层级之间进行及时传递、有效沟通和正确应用的过程，是实施内控合规的重要条件。信息与沟通主要包括信息的收集机制及在企业内部和与外部客户、供应商、监管者和股东等有关各方面的沟通机制等。

（一）信息与沟通渠道

信息是指来源于企业外部及内部，与经营相关的信息。针对不同的信息来源和信息类型，明确各种信息的收集人员、收集方式、传递程序、报告途径和加工与处理要求，确保经营管理各种信息资源及时、准确、完整地收集。企业应当对收集的各种内部信息和外部信息进行合理筛选、核对、整合，提高信息的有用性。信息按来源不同，可分为内部信息和外部信息。

（1）内部信息主要包括财务会计信息、生产经营信息、资本运作信息、人员变动信息、关联交易信息、技术创新信息、综合管理信息、规章制度信息等。可以通过财务会计资料、经营管理资料、调查研究报告、会议记录纪要、专项信息反馈、内部报刊网络等渠道和方式获取所需的内部信息。

（2）外部信息主要包括政策法规信息、经济形势信息、监管要求信息、市场竞争信息、行业动态信息、客户信用信息、社会文化信息、科技进步信息等。可以通过立法监管部门、社会中介机构、行业协会组织、业务往来单位、市场调查研究、外部来信来访、新闻传播媒体等渠道和方式获取所需的外部信息。

1. 控制目标

（1）确保领导层全面、真实、及时地获得内部必要信息，为领导层决策提供有力的支持。

（2）建立有效的内部沟通渠道，确保信息在内部各层级、各部门之间有效传递。

（3）建立有效的与外部关系方的信息沟通渠道。

2. 控制措施

（1）持续完善沟通渠道。建立上下级纵向及部门之间横向的信息沟通渠道，确保企业发展目标、风险策略、风险现状、控制管理措施、员工职责、经营状况、市场变化等各种信息完整、真实、及时地在内部有效传达。根据领导层的需求，定期收集和报告影响企业发展目标的重要内部管理信息，并对搜集、产生的信息进行必要的加工分析和汇总，以保证所提供的信息完整、真实，能够支持企业决策的制定。

（2）定期召开工作会议。及时与业务部门负责人就经营情况进行沟通、交流。

（3）强化跨层级沟通。员工除了正常向其直属上级汇报工作的沟通渠道，还可以通过职工代表大会等方式与主要领导进行沟通。

（4）加强监督渠道。员工可以通过书信、电话等形式，向相关部门反映违反党纪、政纪问题及有关意见、建议和要求。

（5）强化合理化建议活动。鼓励员工对管理等各方面提出合理化建议，并对有突出贡献的单位和个人给予适当奖励。

（6）重视职业道德的对外宣传。通过各种新闻媒体深入报道各单位涌现的各种先进事迹、先进人物和先进管理经验，对员工爱岗敬业、无私奉献精神进行宣传报道。

（7）建立开放和有效的沟通渠道。及时获得外部关系方的信息，确保信息能得到及时和恰当的总结和反馈。

（8）积极配合监管部门工作。组织准备和及时递交监管部门所要求的文件，接受并组织完成监管部门下达的有关任务。

（9）建立和完善重大事件及时上报机制。

（二）信息系统

1. 控制目标

（1）促进企业有效实施内控合规，提高企业现代化管理水平，减少人为操纵因素。

（2）增强信息系统的安全性、可靠性和合理性及相关信息的保密性、完整性和可用性，为建立有效的信息与沟通机制提供支持保障。

（3）按照企业数字化规划要求，提出数字化在支撑企业经营管理、客户服务、业务创新、社会治理等方面的重点任务，推动企业数字化转型。

2. 控制措施

（1）积极配合系统上线工作。配合上级单位进行信息系统上线工作，在工作过程中反馈、提出合理化改进建议。

（2）强化系统合规操作。严格按照上级单位制定信息系统使用操作程序、信息管理制度及各模块子系统的具体操作规范进行操作，及时跟踪、发现和解决系统运行中存在的问题，确保信息系统按照规定的程序、制度和操作规范持续稳定运行。

（3）切实做好系统运行记录。对于系统运行不正常或无法运行的情况，应将异常现象、发生时间和可能的原因做详细记录。

（4）重视系统运行的日常维护。在硬件方面，日常维护主要包括各种设备的保养与安全管理、故障的诊断与排除、易耗品的更换与安装等，配备专人或外包专业维护第三方。

（5）建立应急工作机制。配备专业人员或专业维护第三方负责处理信息系统运行中的突发事件，必要时应会同系统开发人员或软硬件供应商共同解决。

（6）加强系统安全等级授权。按照国家相关法律、法规及信息安全技术标准，制定信息系统安全策略及实施细则。根据业务性质、重要程度、涉密情况等确定信息系统的安全等级，建立不同等级信息的授权使用制度，采用相应技术手段保证信息系统运行安全有序。

（7）建立信息系统相关资产的管理制度。保证电子设备的安全，关键信息设备，未经授权，不得接触。

（8）强化全体员工的安全保密意识。对重要岗位员工进行信息系统安全保密培训，并签署安全保密协议，建立信息系统安全保密制度和泄密责任追究制度。

（9）强化系统安全管控。企业信息系统管理人员应利用操作系统、数据库系统、应用系统提供的安全机制，设置安全参数，保证系统访问安全；对于重要的计算机设备，企业应当利用技术手段防止员工擅自安装、卸载软件或者改变软件系统配置，并定期对上述情况进行检查。

（10）强化外委管理。企业委托专业机构进行系统运行与维护管理的，应当严格审查其资质条件、市场声誉和信用状况等，并与其签订正式的服务合同和保密协议。

（11）加强对服务器等关键部位的防护。综合利用防火墙、路由器等网络设备，采用内容过滤、漏洞扫描、入侵检测等软件技术加强网络安全，严密防范来自互联网的黑客攻击和非法侵入。对于通过互联网传输的涉密或者关键业务数据，企业应当采取必要的技术手段确保信息传递的保密性、准确性、完整性。

（12）建立系统数据定期备份制度。明确备份范围、频度、方法、责任人、存放地点、有效性检查等内容。数据正本与备份应分别存放于不同地点，防止因火灾、水灾、地震等事故产生不利影响。数据备份可以综合采用磁盘、磁带、光盘等备份存储介质。

（13）建立用户管理制度。加强对重要业务系统的访问权限管理，避免将不相容职责授予同一用户。企业应当采用密码控制等技术手段进行用户身份识别。对于重要的业务系统，应当采用数字证书、生物识别等可靠性强的技术手段识别用户身份。对于发生岗位变化或离岗的用户，用户部门应当及时通知系统管理人员调整其在系统中的访问权限或者关闭账号。对于超级用户，企业应当严格规定其使用条件和操作程序，并对其在系统中的操作全程进行监控或审计。

（14）强化系统风险管理。企业定期开展信息系统风险评估工作，定期对信息系统进行安全评估，及时发现系统安全问题并加以整改。

（三）反舞弊

企业通过建立完善监督渠道与内控工作机制、转变监督方式和方法，制定重点事项监督管理办法等制度与程序来防范和控制舞弊。反舞弊机制不仅需要满足合规性要求，而且应该具有预防性和及时性，形成预防控制、过程控制和补救控制的闭环管理。

1. 控制目标

（1）预防舞弊行为的发生。

（2）保证及时发现经营管理中的舞弊行为，并按规定进行处理。

2. 控制措施

（1）建立规范的反舞弊机制。明确党群办公室纪检监察、效能监察反舞弊的责任。建立规范和通畅的反舞弊汇报程序和渠道，设立明确的调查程序和调查结果处理程序。

（2）加大对制度建设及制度执行情况的监督检查。突出对舞弊的事前、事中控制。加强对企业物资采购、员工考核及人事任免、员工及干部竞聘等经营管理重点环节的监督检查，重点关注制度及舞弊防范措施的建立情况和对现有制度的执行情况。通过监督检查，督促相关责任部门不断完善、健全防范舞弊的制度，并保证制度执行力。

（3）强化落实党风廉政建设责任制。制定党风廉政建设责任制考核评价办法，并强化考核结果的应用，每年组织领导干部签订党风廉政建设书和岗位任职期间党风廉政建设责任书，完善责任书的内容，结合不同业务部门、不同岗位特点增加个性化内容，使党风廉政责任考核和责任追究措施更加具有科学性和可操作性。加大企业领导人员执行党风廉政责任制情况与绩效考核挂钩力度，进一步增强企业领导人员的责任意识和廉洁从业意识。

（4）建立健全惩治和预防腐败体系。以完善惩治和预防腐败体系为重点，努力形成拒腐防变教育长效机制、反腐倡廉制度体系、权力运行监控机制，切实提高企业整体反腐倡廉工作水平。通过建立信访举报制度和举报人保护制度，鼓励利益相关者对企业内部员工的违法违纪行为，以及影响企业形象的其他行为进行举报和投诉；对内设立信访举报渠道，鼓励每一位员工对发现的违反内控制度行为及其他违法违纪行为进行监督和举报；对违反企业相关规定的员工给予处理处分。

（5）定期通报反舞弊工作情况。客观分析当前反舞弊形势，评估舞弊风险的可能性和重要性及舞弊可能发生的领域；评价现有的反舞弊控制措施及程序，研究防范舞弊行为发生的制度及措施，由领导层对反舞弊程序和控制进行监督，并对反舞弊程序和控制的质量持续监控和定期评估；对反舞弊相关信息进行收集和分享并适当培训。

（6）加强对党员领导人员的监督。认真执行党风廉政建设责任制，定期检查基层党委党风廉政建设状况及企务公开状况，向上级汇报有关党风廉政建设方面的工作，协调有关部门制定整改措施。

（7）建立举报人保护制度。设置举报专线，明确举报投诉处理程序、办理时限和办结要求，确保举报、投诉成为有效掌握信息的重要途径。

（8）严肃执纪问责。党群办公室负责调查处理企业党员领导人员违反党纪政纪的行为，严格执纪办案，严肃党纪政纪，并提出处理意见。

（9）推进效能监察工作制度化、规范化。大力开展专项监督工作，及时发现经营管理工作上的漏洞和问题，提出整改意见和建议。

七、内部监督

内部监督是企业对其内控合规制度的健全性、合理性和有效性进行监督检查与评估，形成书面报告并做出相应处理的过程，是实施内控合规的重要保证。内部监督分为日常监督、专项监督和内控合规评价。

（1）日常监督是指企业对建立与实施内控合规的情况进行常规、持续的监督检查。企业各业务职能部门及下属子、分企业应定期或不定期检查本单位或本部门内部内控合规体系的完善与内控合规规范的执行情况，以及内控合规关键岗位人员的设置情况等，及时发现内控合规中存在的问题并提出改进建议，做出日常监督报告。

（2）专项监督是指在企业发展战略、组织结构、经营活动、业务流程、关键岗位员工等发生较大调整或变化的情况下，对内控合规的某一或者某些方面进行有针对性的监督检查，制定优化改进措施，并做出专项监督报告。

（3）内控合规评价是指企业根据年度内控监督评价计划，运用个别访谈、调查问卷、专题讨论、穿行测试、实地检查、抽样和比较分析等方法，对企业层面各要素进行全面评价，形成评价结论，并做出评价报告的活动。

（一）机构设置

企业经营审计部作为监督评价机构的实施主体，主要负责定期对企业内控合规体系建设、执行情况进行评价，组织内部开展日常和专项检查工作，并定期开展（每年至少一次）内控合规评价工作。各部门、单位按照内控合规要求，配合经营审计部完成监督工作。

（二）监督评价内容

1. 企业层面内控合规监督评价

企业层面内控合规监督评价是针对企业整体层面控制设计和运行情况进行的全面监督评价，涵盖内部环境、风险评估、控制活动、信息与沟通、内部监督等要素。

（1）内部环境监督评价应当包括组织架构、发展战略、人力资源、企业文化、社会责任等方面。组织架构监督评价应当重点从机构设置的整体控制力、权责划分、相互牵制、信息流动路径等方面进行；发展战略应当重点从发展战略制定的合理性、实施的有效性和调整的适当性三方面进行；人力资源应当重点从企业人力资源引进结构、开发机制、激励约束方案等方面进行；企业文化应从建设和评估两方面进行；社会责任可以从安全生产、产品质量、环境保护与资源节约、促进就业、员工权益保护等方面进行监督评价。

（2）风险评估监督评价应当对日常经营管理过程中的目标设定、风险识别、风险分析、应对策略等方面进行监督评价。

（3）控制活动监督评价应当对企业各类业务的流程步骤和控制措施设计有效性和运行有效性等方面进行监督评价。

（4）信息与沟通监督评价应当对信息收集、处理和传递的及时性、反舞弊机制的健全性、财务报告的真实性、信息系统的安全性，以及利用信息系统实施内控合规的有效性等方面进行监督评价。

（5）内部监督评价应当对管理层对于内部监督的基调、监督的有效性及内控合规缺陷认定的科学、客观、合理等方面进行监督评价。重点关注董事会、总经理办公会、内控及合规办公室、经营审计部等是否在内控合规设计和运行中有效发挥作用。

2. 业务层面内控合规监督评价

业务层面内控合规监督评价是针对企业内控合规的某个要素、某类业务或者某些业务环节的内控合规所进行的监督评价。业务层面内控合规监督评价应当涵盖战略与计划、工程项目管理、物资管理、安全生产管理、资产管理、营销管理、财务管理、投资管理、合同管理、人力资源管理、信息化管理、行政管理、法律合规等方面。

（1）战略与计划监督评价应当对战略制定与审批、战略评估与调整、年度生产经营计划编制与审批、年度生产经营计划评估与调整及年度生产经营目标业绩考核等方面进行监督评价。

（2）工程项目管理监督评价应当对业务承揽、工程开工、进度管理、变更管理、工程项目报告、协调会管理、突发事件管理、工程验收、工程结算、工程资料移交、职业及资格证照管理等方面进行监督评价。

（3）物资管理监督评价应当对物资（服务）需求计划、招标/非招标采购流程、物资入库、物资出库、物资保管及保养、物资退库、仓库巡检及维修、废旧物资报废处置及供应商评价等方面进行监督评价。

（4）安全生产管理监督评价应当对安全生产应急预案、安全生产责任制、安全检查、安全会议、安全信息、安全工器具及劳动保护用品等方面进行监督评价。

（5）资产管理监督评价应当对资产新增、资产运行与维护、资产退出及产权交易等方面进行监督评价。

（6）营销管理监督评价应当对年度市场营销计划、市场调查、市场分析、客户评价及服务回访等方面进行监督评价。

（7）财务管理监督评价应当对账务核算、报表管理、预算管理、资金管理、档案管理及涉税管理等方面进行监督评价。

（8）投资管理监督评价应当对投资立项与决策、投资实施及投资后评价等方面进行监督评价。

（9）合同管理监督评价应当对合同审核与签署、合同履行及合同争议处理等方面进行监督评价。

（10）人力资源管理监督评价应当对人力资源需求计划管理、员工招聘与入职、员工配置、员工辞职、劳动争议调解、培训管理、员工绩效考核、薪酬管理及勤假管理等方面进行监督评价。

（11）信息化管理监督评价应当对信息化规划管理、信息化计划管理、信息化验收管理及信息化安全管理等方面进行监督评价。

（12）行政管理监督评价应当对公文管理、印章管理、档案管理、督察督办管理、会议管理、新闻工作管理、车辆管理及办公用品管理等方面进行监督评价。

（13）法律合规监督评价应当对案件管理及合同授权管理等方面进行监督评价。

（三）监督评价程序

内控合规评价程序一般包括制定评价方案、组成评价工作组、实施现场测试、认定控制缺陷、汇总评价结果、编制评价报告等。

专项监督可根据实际情况参考内控合规评价程序。

内控合规评价工作组通过对被评价单位进行现场测试，综合运用个别访谈、调查问卷、专题讨论、穿行测试、实地查验、抽样和比较分析等方法，充分收集被评价单位内控合规设计和运行是否有效的证据，按照评价的具体内容，如实填写评价工作底稿，研究分析内控合规缺陷。

1. 准备阶段

（1）制定评价方案。经营审计部应当根据企业日常监督、专项监督情况和管理要求，分析经营管理过程中的高风险领域和重要业务事项，确定评价方法，制定科学合理的评价方案，报总经理办公会审议，经董事会批准后实施。评价方案应当明确评价主体范围、工作任务、人员组织、进度安排和费用预算等相关内容。评价工作既可以采用全面评价的方式，也可以根据需要采用重点评价的方式。

（2）组成评价工作组。在经营审计部的领导下成立内控合规评价工作组（以下简称"评价工作组"），承担内控合规评价具体工作。评价工作组成员应具备独立性、相关业务胜任能力和职业道德素养，注重吸收熟悉企业内部相关部门情况、参与日常监控的负责人或业务骨干。评价工作组成员对本部门的内控评价工作应当实行回避。

企业可根据自身情况委托有资质的第三方专业机构实施内控合规评价。为企业提供内控合规审计服务的会计师事务所，不得同时为企业提供内控合规评价服务。

2. 实施阶段

（1）了解被评价单位基本情况。充分沟通相关文化和发展战略、组织机构设置及职责分工、领导层成员构成及分工等基本情况。

（2）确定评价范围和重点。评价工作组根据掌握的情况进一步确定评价范围、评价重点和抽样数量，并结合评价人员的专业背景进行合理分工。评价重点和分工情况可以根据需要进行适时调整。

（3）开展现场检查测试。评价工作组根据评价人员分工，综合运用各种评价方法对内控合规设计与运行的有效性进行现场检查测试，按要求填写工作底稿、记录相关测试结果，并对发现的内控合规缺陷进行初步认定。

3. 汇总评价结果、编制评价报告阶段

（1）实施阶段结束后，评价工作组汇总评价人员的工作底稿，初步认定内控合规缺陷，形成现场评价报告。评价工作底稿须进行交叉复核签字，并由评价工作组负责人审核后签字确认。评价工作组将评价结果及现场评价报告向被评价单位进行通报，由相关责任人签字确认后，提交经营审计部。

（2）经营审计部汇总各评价工作组的评价结果，对评价工作组现场初步认定的内控合规缺陷进行全面复核、分类汇总，对缺陷的成因、表现形式及风险程度进行定量或定性的综合分析，按照对控制目标的影响程度判定缺陷等级。

（3）经营审计部以汇总的评价结果和认定的内控合规缺陷为基础，综合内控合规评价工作整体情况，客观、公正、完整地编制内控合规评价报告，经企业总经理办公会审议后，报送董事会审批，重要的评价报告还应履行党组织决策程序。

4. 报告反馈和跟踪阶段

对于认定的内控合规缺陷，经营审计部结合企业领导班子要求，提出整改建议，要求责任部门及时整改，并跟踪其整改落实情况。

5. 内控合规评价流程图

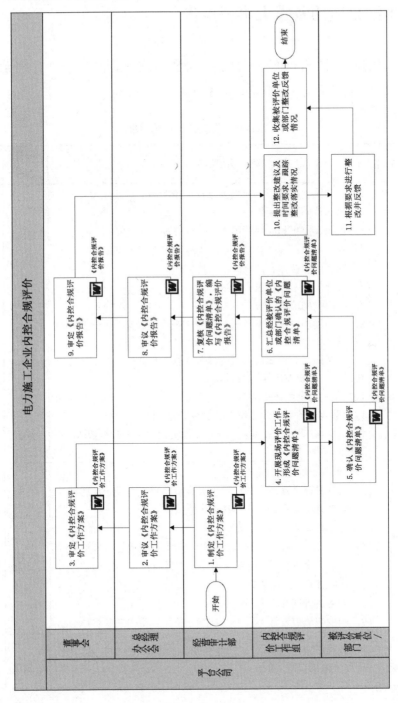

（四）结果应用及重大事项报告

（1）内控合规监督评价纳入领导干部经济责任审计内容与部门与干部考核体系，将监督评价结果与考核挂钩，详见下表。

内控合规监督评价考核标准

序号	项目	考核内容	评分标准	被考核单位
1	重大缺陷	1. 缺乏民主决策程序或重大决策程序不科学； 2. 内部控制环境无效； 3. 董事、监事和高级管理人员的舞弊行为； 4. 未能及时发现或有效应对重大风险，造成严重后果； 5. 违反国家法律、法规或规范性文件； 6. 管理报告中存在重大错报； 7. 内部控制监督无效； 8. 已经发现并报告给管理层的重大或重要缺陷在合理的时间后未加以改正； 9. 关键岗位的管理人员或技术人员流失严重； 10. 在主要媒体出现负面新闻； 11. 发生安全生产事故； 12. 重要业务管理或操作人员明显不胜任； 13. 制度缺失、设计不合理或系统性失效，对企业经营活动产生重大影响	5分/处缺陷	部门、子公司、分公司
2	重要缺陷	1. 管理决策程序不完善； 2. 未能及时发现或有效应对重大风险，尚未造成一定后果； 3. 企业各类管理报告中存在重大错报； 4. 内部控制监督不力； 5. 各部门内部控制自评价报告与实际不符或故意隐瞒信息； 6. 管理人员或技术人员流失较多，对经营产生一定影响； 7. 在媒体出现负面新闻； 8. 业务管理或操作人员不胜任； 9. 制度缺失或设计不合理，对部分经营活动产生重要影响	2分/处缺陷	部门、子公司、分公司
3	一般缺陷	控制设计不合理或执行不到位造成负面影响和目标偏离，未构成重大或重要缺陷的	0.5分/处缺陷	部门、子公司、分公司

（2）针对监督评价发现问题，已经造成损失或负面影响的，追究相关人员的责任。

（3）对于造成以下重大经营风险的内控缺陷，企业应采用书面报告的形式于1个工作日内逐级上报至省企业主管部门。

1）对实现年度经营业绩目标影响超过5%或存在重大资产损失风险。

2）被司法机关或监管机构立案调查，主要资产被查封、扣押、冻结或企业面临行政处罚等，对企业正常生产经营造成重大影响。

3）被境内或境外媒体网络刊载，造成重大负面舆情影响。

4）其他需要报送的情形。

（五）监督评价资料及归档

（1）内控合规监督评价工作应当形成工作底稿，详细记录执行监督评价工作的内容，包括监督评价要素、监督评价标准、测试方法、主要风险点、采取的控制措施、有关证据资料及认定结果等。

（2）内控合规监督评价完成后，应将被监督评价单位的资料整理后，并按顺序装订归档。内控合规监督评价的有关文件资料、工作底稿、证明材料等应当妥善保管，及时归档。